JN308140

ドラゴン桜公式副読本 16歳の教科書2

5人の特別講義プロジェクト&モーニング編集部・編著

講談社+α文庫
プラスアルファ

開講の辞

なぜ学び、なにを学ぶのか

国語、数学、英語といった科目を学ぶ理由は、どこにあるのか。
前作『16歳の教科書』では、この根源的なテーマについて各教科のスペシャリストの先生方が熱い特別講義を行ってくれた。
たしかに、大学教授やカリスマ塾講師の先生方が語る「学ぶ理由」は、いずれも納得のいくものばかりだったし、各教科のおもしろさも十分に理解することができた。

しかし、まだ残された疑問がある。

それは「学校での勉強は、社会に出てから本当に役に立つのか?」という問題だ。国語や数学で学んだことが、現実の「仕事」にどう役立つのか。それともなんの役にも立たないのか。

16歳のきみたちにとって「社会」は、あまりにも遠いところにある。

スーツを着た大人たちがどんなことを考え、どんなふうに働き、どうやって「社会」を動かしているのか、そこではどんな能力が求められるのか、実際のところはよくわからない。だから自分がいま、なにを勉強するべきかもわからない。

大人たちは、口を揃《そろ》えたように「若いときにもっと勉強しておけばよかった」と言う。

そして彼らは「だから、おまえは勉強しなさい」と言う。

たしかに、もっと勉強しておけばよかったというのは、ほぼすべての大人が実感しているところだ。その言葉に嘘《うそ》はない。

だが、きみたちには「なぜ、もっと勉強しておけばよかったのか？」が、なかなか理解できないだろう。

もっと勉強しておけば、もっといい大学に行けたから？

もっと勉強しておけば、もっといい会社に就職できたから？

もっと勉強しておけば、英語がペラペラになったから？

違う。そんな表面的な話ではない。

しかし、大人たちも勉強する理由をうまく言葉にすることができない。

学生時代の勉強がいかに大切だったかを痛感しながらも、なぜ大切なのか、社会のどんな場面で、どう必要になるのかまではうまく説明できないのだ。

そこで今回、社会の最前線で活躍されている5人のスペシャリストをお招きし、特別講義を行っていただいた。

ジャンルの壁を越え、多くの人々から愛されるジャズシンガー。

まったく新しい学問に挑戦する、気鋭《きえい》の研究者。

世界中のファンを虜《とりこ》にするスーパーカーを開発したトップエンジニア。

若くして各賞を総なめにし、いまもっとも注目される映画監督。

さらには大人気のカリスマ占星術研究家。

いずれもその世界で道を極めたトッププロの方々ばかりだ。これだけ多彩な顔ぶれが一堂に会する機会など、おそらく二度とないだろう。

講義のテーマは「勉強と仕事はどこでつながるのか」。

社会の最前線で活躍している彼らは、16歳のときにどんなことを考え、どんな勉強をしていたのか。学校は好きだったのか、嫌いだったのか。学校で学んだことは、社会に出てどう役立っているのか。この貴重な高校時代に、なにを学ぶべきなのか。そして、どうすれば夢をかなえることができるのか。

いずれの方々も驚くほど誠実に、すべてを「本音」で語ってくれた。学校の先生とも親とも違う、まったく新しい視点からの言葉だ。

きっとページをめくるたびに、新しい発見が待っているだろう。

そして最後のページを読み終えて本を閉じたとき、まわりの景色がまったく違って見えてくるはずだ。

きみの明日を変える「生きた言葉」が、ここにはある。

龍山高校　特進クラス担任　桜木《さくらぎ》建二《けんじ》

16歳の教科書2　目次

5時限目 鏡リュウジ カリスマ占星術研究家

「クールな科学」と「ウェットな占い」って？

自分を知り、他者を知るための占い講座

編集　5人の特別講義プロジェクト
古賀史健（株式会社バトンズ代表取締役社長）
佐渡島庸平（株式会社コルク代表取締役社長）
村上 誠
撮影　野辺竜馬
大坪尚人（講談社写真部）
本文デザイン　岩間良平（トリムデザイン）

1時限目

16歳の〃ドア〃を開けよう!

本当にスペシャルな存在になるために

奇跡のジャズシンガー

綾戸智恵

あやど・ちえ　大阪府に生まれる。17歳で単身渡米、ロサンゼルスと神戸を行き来する生活を始める。ニューヨークでゴスペルクワイヤーのメンバーとして活動した後、帰国。大阪のジャズクラブなどで歌い始め、自主制作盤を3枚制作する。1998年6月、40歳でアルバム「For All We Know」でプロデビュー。饒舌で笑いが溢れるトークと幅広い選曲を織り交ぜた自由奔放なステージは、ジャズファンのみならず、普段コンサートに通うことのない多くの老若男女に感動を与え続けている。

17歳で単身アメリカに渡り、40歳にしてCDデビューを果たしたジャズシンガーの綾戸智恵さん。彼女は、無理して「好きなこと」を仕事にする必要はない、と断言する。また、学校が大嫌いだったという彼女が語る「それでも勉強する理由」は、多くの気づきを与えてくれることだろう。

そこで今回、受験や学校教育からもっとも遠く離れたところにいた彼女に、あえてトップバッターとして登場してもらうことにした。頭ではなく、心に響く特別講義である。

龍山高校特進クラス担任　桜木建二

心のドアを開けるのは自分

まず、わたしの高校時代からお話ししましょうか。

わたしは17歳、高校3年生の6月に単身アメリカに渡りました。もうウン十年も前だから、1ドル300円とかで、持ち出し限度額は10万円……。いまよりずっと海外旅行が珍しく、難しかった時代です。向こうに知り合いがいたわけでもないし、どこかの学校に留学したわけでもない。そのせいで「綾戸智恵、17歳でアメリカに音楽修業の旅に出る」とか、カッコよく紹介されることがあるけれど、全然、音楽修業なんかじゃないの。ただアメリカに行きたかっただけ。

それも、アメリカで生活してみたかった。日本に住んでるアメリカ人じゃなくって、アメリカで暮らすアメリカ人に触れてみたかった。本当にそれだけなの。

なんの目的もなしに飛び出すなんて、いい加減な奴だと思われるかもしれないね。たしかに「アメリカに行ってコレをやろう！」じゃなくって、「アメリカに行こう！」だったから、目的がないのはその通り。遊んでいただけだといわれてもしかたがない。

でもね、わたしはそれを少しも「悪い」とは思わない。

いいじゃん、目的なんかなくても。若さにまかせて、「とにかく行きたい！」だけで動いても。旅とか冒険って、そういうものなんじゃない？

当時のわたしは、とにかく〝ドア〟を開けたかったの。

ドアといっても「心のドア」のことだから、目には見えないよ。そして、ドアの向こうになにがあるかなんて知らないし、考えてもわからない。

でも、「このドアを開ければなにかがある！」って信じてた。息苦しい毎日が、なにか変わるんだ、光があるんだと思ってた。

この感覚、なんとなくわかるよね？

そして人生って、大事なドアは自分の手で開けなきゃいけないの。

じーっと黙ってても、誰も開けてくれない。自分で開けないと「向こう側」には行けないの。別に、アメリカに行くとか行かないとかじゃなくて、もっと広い意味での「向こう側」にはね。

みんなも心のどこかで、そんなドアの存在をなんとなくでも感じるでしょ？　息苦しさや閉塞感《へいそくかん》——言葉はなんでもいいんだけど、その扉を開けるのは誰でもない、あなた自身なの。

きっかけは映画と大阪万博

いま、わたしはジャズシンガーという仕事をやっています。

そのせいで音楽一筋、音楽のためにアメリカに渡った人間のように思われがちなんだけど、もともとは映画。わたしのアメリカに対する憧《あこが》れのほとんどは映画からきてるの。幼稚園のころから洋画ばっかり観てたからね。

だから、わたしの英語は半分以上、映画から拝借《はいしゃく》したもの。

たとえば、映画の中で「あんたには関係ないわ！」というセリフがあったとするよね。これって、英語でいうと「Not your business!」なんだけど、英語なんか全然知らない小学生のわたしには「ナッチュアビジネス」に聞こえる。ちょうど「Thank you.」が「サンキュー」に聞こえるのといっしょ。

そして、日常生活の中で使えそうな場面に出くわしたら「ナッチュアビジネス！」と言う。家族に対してね。

もちろん「ああ、あの『ナッチュアビジネス』は"Not your business."だったんだ！」と気づくのは何年もあとの話で、それまではカタカナを耳で覚えていただけ。ほとんどのセリフをこんな感じで覚えていった。

わかりやすいところでは「出ていけ！」を「ゲラァルヒア！」と覚えるとかね。本当は「Get out of here!」なんだけど、単語の数も知らない。とにかく音のかたまりをそのまま覚えるの。

なんで、そんなことしていたか？

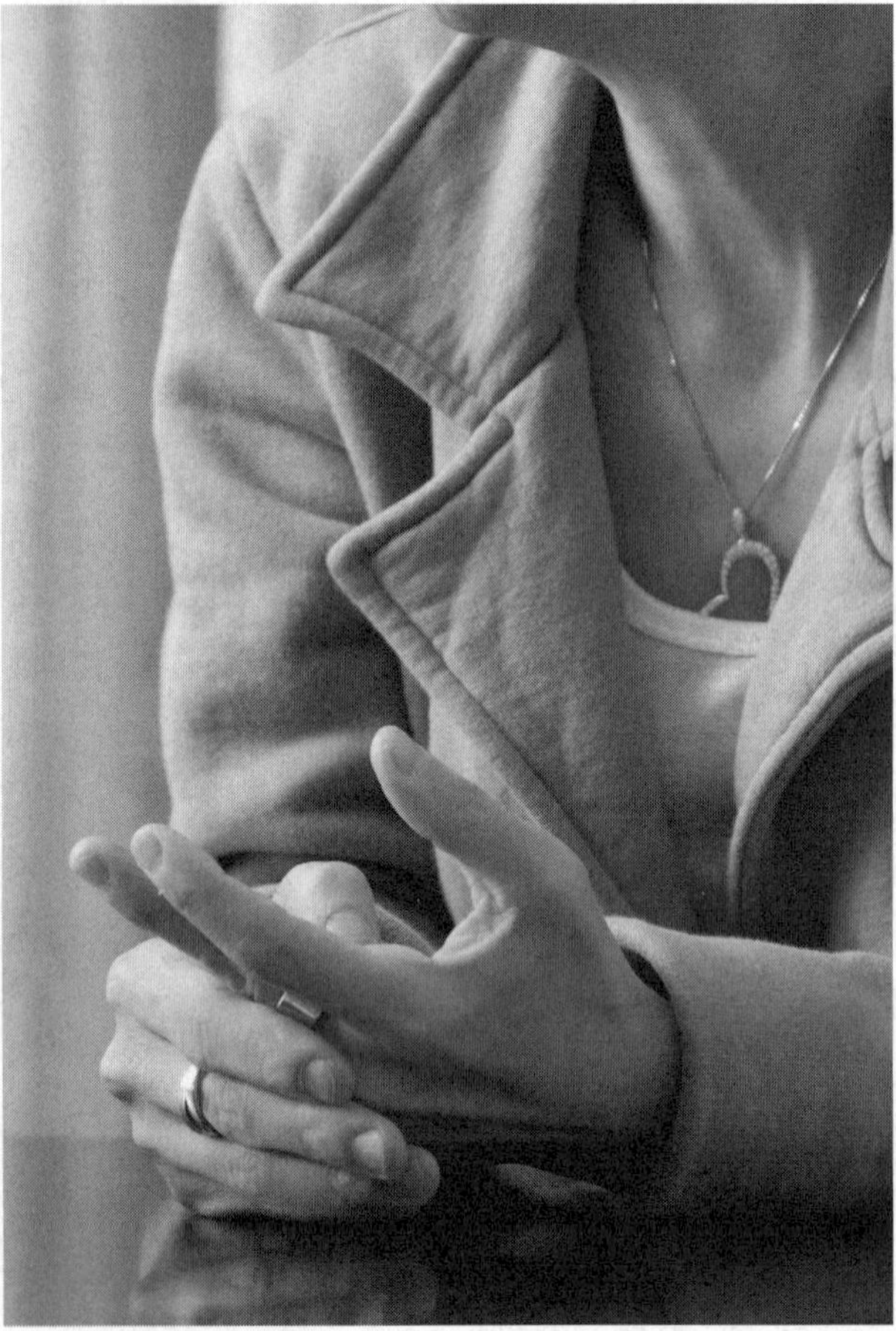

やっぱり〝ムード〟かなあ。映画を観てると、日本語の字幕で「愛してるよ」とか書いてある。だけど、日本語だとムードが出ないし、照れちゃう。やっぱり見つめ合って「アイラァビュー（I love you.）」って言うからカッコイイわけでさ。

さあ、そうやって映画から強引にセリフを引っぱって、なんとか英語っぽいカタコトが言えるようになりました。

そんなわたしに一大チャンスがやってきます。忘れもしない、大阪万国博覧会です。

13歳くらいのときに、大阪で万国博覧会が開催されたの。もう嬉《うれ》しくって、嬉しくって、毎日のように通いましたね。

パビリオン？　知りません。そんなの、まったく興味がないわけ。

わたしの目的は、世界中からやってきた外国人たちとたくさん話すこと。

とにかく、道ゆく外国人に「ハーイ！」と話しかける。文法もなにもない。

映画や音楽で覚えたカタカナを並べ立てるだけ。でも、やっぱり同じ人間やね。おもしろいことに、それでもなんとか通じるわけよ。

次の日には、仲良くなった外国人たちを引き連れて、大阪の街を観光案内するの。中学生がスーツみたいな服を着てさ、通訳みたいに偉《えら》そうな顔をして。

そして万博が終わるころには、もう真剣にアメリカ行きを考えるようになった。

単純に、外国人はみんなアメリカ人だと思ってたからね。そして、「万博に来ていた外国人と友達になれたんだから、いつでもアメリカに行ける、アメリカでもやっていける」と思ったの。

みんな、英語の勉強で悩んでるかもしれないね。

でも、こう考えてみて。

英語なんて、動物と話すよりずっと簡単なのよ。みんな犬や猫に話しかけたり、奈良の公園で鹿に話しかけたりするでしょ？　それでなんとなく自分の気持ちを伝えることはできるよね？

どんなに英語だ外国人だといっても、相手は人間。動物に通じるんだったら、人間に通じないわけがないの。問題はハートよ、ハート。みんな心臓は1個なんだからさ。

学校の勉強は「心の体育」

映画が好き、音楽が好き、そして外国が好き。

そんなわたしは、学校が嫌いでした。人気者だったし、友達もたくさんいたよ。でも嫌い。理由はひとつ、みんなで揃《そろ》って同じことをするのがイヤだったの。

たとえば数学が好きな子は、数学の時間って楽しいよね。社会が好きだったら、社会の時間が楽しい。でも、残念なことに、わたしが好きなのは音楽。そして音楽は週に2回しかない。あとはずーっと好きじゃない授業を受けなきゃいけない。毎日、毎時間が音楽だったら、どんなに楽しいだろうと思っていた。

でもね、これはあとになってからわかったんだけど、そういう経験が大切なの。つまり、音楽が好きなのに、アメリカに行きたいのに、みんなといっしょに国語や数学をやっているという時間が。その「やらなきゃいけないことをやる」という行為が。

これはね、お勉強とは違う「心の体育」なの。

学校では、頭を鍛《きた》えるんじゃなくって、心を鍛えてるのよ。

たとえばわたし、これまで長いこと生きてきて、CO_2とかH_2Oとかの分子式、使ったことないわよ。これから先も使わないと思う。

じゃあ、化学はいらないのかというと、そうじゃない。大切なのは「学校でみんなとそれを勉強した」という事実、時間、経験なの。

勉強が嫌い？

大いにけっこう。わたしも嫌いです。うんうん、仲間仲間。

ただ、学校にいると「嫌いな勉強をどうやってごまかすか」とか、「どうやってサボろうか」とか、「どうやって先生から気に入られるか」とか、真剣に考えるでしょ？　こういう知恵を働かすのも、広い意味での勉強なのよ。

だから学校というのは「知識」を詰め込む場所じゃなくて、生きるための「知恵」を育てていく場所。

そう考えると、勉強が嫌いだから学校を辞めちゃうなんて、もったいないよね？

もう少し具体的に話そうか。

意外かもしれないけど、わたし、体育の授業が嫌いだったの。

それであるとき、体育の先生に「先生、足が痛いから休ませてください」って言ったの。先生は、わたしの体育嫌いを知ってるから「ウソつけ。サボるんじゃない」と言う。

わたしは「本当に肉離れで走れないんですよ、ほらっ！」って体操着のズボンをめくる。すると、ふくらはぎにはマジックで「にくばなれ」って書いてあるわけ。

先生もさすがに許してくれたわよ。「そこまでして休みたいならしかたない。今日だけは認めてやる」って笑いながらね。

眠くて退屈な授業のときには、まぶたにマジックで「ねむい」って書いて、居眠りしてるとかね。これも先生は笑って大目に見てくれたな。

知識よりも知恵。頭よりも心。それを育てていく場所が学校です。

「ひとり」は「スペシャル」ということ

さてさて、幼稚園のころから洋画やジャズにどっぷり浸かっていたわたしは、ひと言でいうとオマセな子どもでした。

学校では人気者だったけど、学校の友達と遊ぶより、ジャズクラブなんかで大人たちとしゃべってるほうが楽しかった。

だって話が合わないんだもん。みんながアイドルの話をしていても「なんでそんなのがいいの?」と思っちゃう。そしてクラスのみんなに洋画やジャズの話をしても通じない。

小学生のころ、下敷きにフランク・シナトラ(アメリカの国民的歌手)の写真を挟《はさ》んでいたんだけど、男の子から「誰やそれ?」って言われてね。

「誰やそれ。左《ひだり》とん平《ぺい》か?」

「ちゃうちゃう、フランク・シナトラや。カッコええやろ」

「えっ、それフランク永井《ながい》? なんか感じ違うな」

……まあ、みんなの年代やったらわからんやろうけど、一事が万事、そんな感じ。

だけど、わたしは「ひとりぼっちだ」とか「仲間はずれみたいな気がする」とかは思わなかった。ちっとも寂《さび》しくなかった。

みんなも、自分だけの趣味があったり、好みがあったりすると思う。自分の気持ちをわかってもらえないとき、ひとりぼっちみたいな寂しさを感じることもあるかもしれない。

でもね、人間はみんなひとりなの。

まわりに合わせる必要なんてない。「クラスのみんな」なんて人は、どこにもいないのよ。あの人も、この人も、そしてあなたも、み一んなひとり。だったら、無理してまわりに合わせる必要ないじゃん。

もしもあなたが「誰も自分のことをわかってくれない。自分はひとりぼっちなんだ」とか「みんなに話を合わせなきゃ」と思っているとしたら、とんだ勘

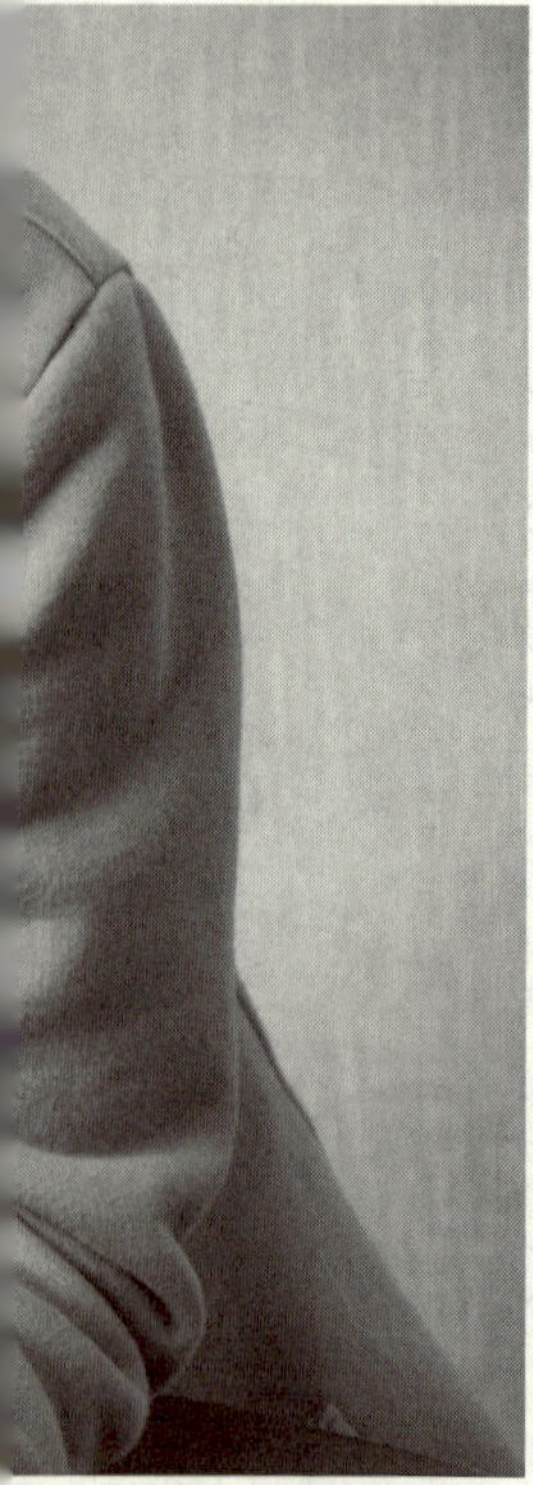

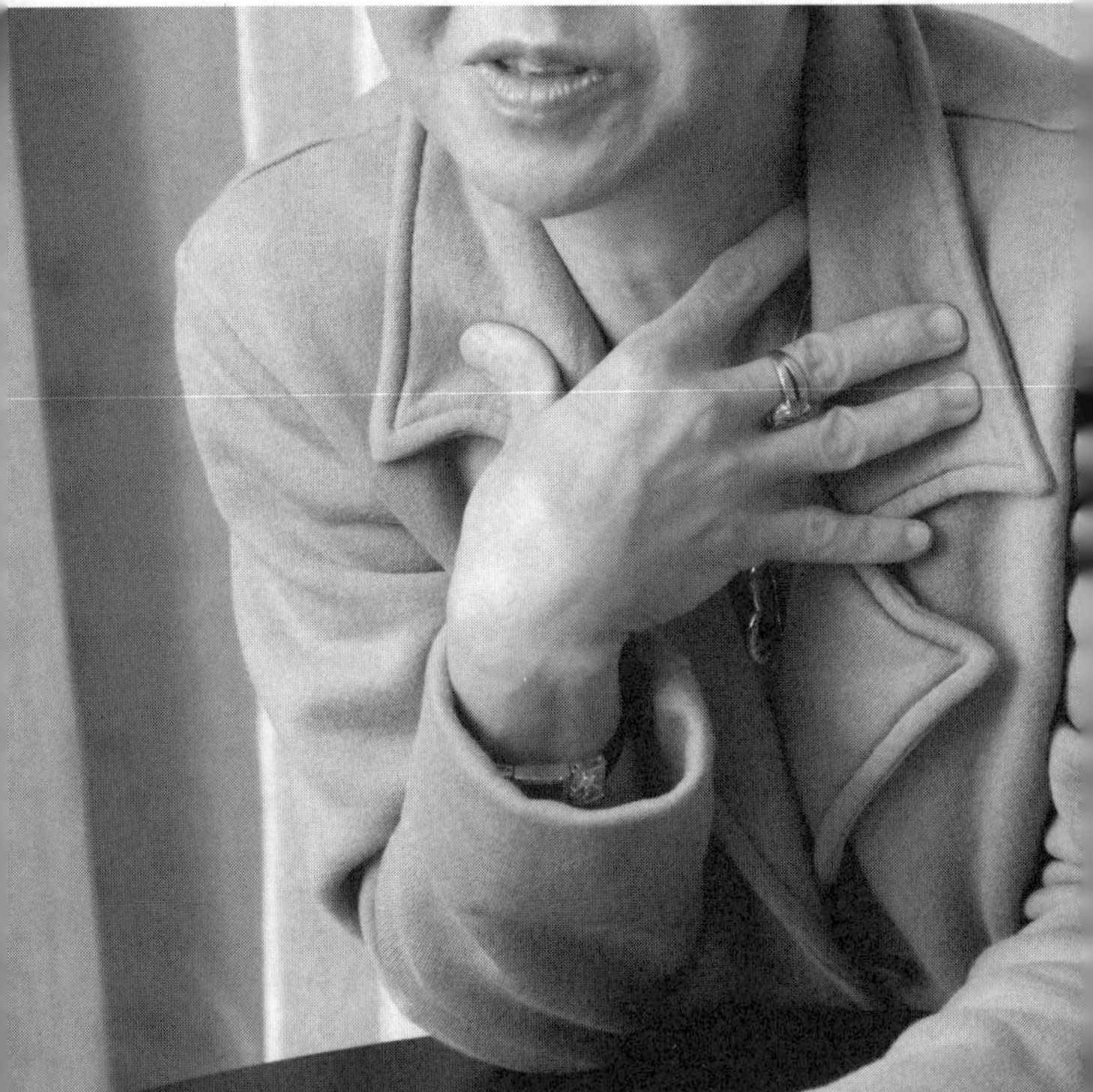

違いよ。

それは、ひとりぼっちってことじゃないの、スペシャル（特別）ってことなの。

ほら、冷やむぎの中に1本や2本くらい、ピンクや青の麺《めん》が混ざってるでしょ？

いまのあなたは、あのピンク色の麺なのよ。そしてピンクが嫌だったら金色の麺になればいい。自分で金色をつくってしまえばいい。わざわざ自分を曲げてまで、みんなと同じ白い麺になるなんてもったいないじゃん。

あのね、世の中ってすっごく広いんだよ。わたしがジャズクラブに行ったら話の通じる仲間がたくさんいたように、あなたにもきっと素敵な仲間が待っている場所があるの。

クラスだけ、学校だけの小さな世界で「常識」を決めつけないで、もっと大きく外に羽ばたこうよ！

個性について綾戸家のルール

スペシャルということについて、ちょっとわたしの思い出話を聞いてくれる？

まずひとつ。わたしが小学生のとき、カラーテレビという新商品が普及し始めました。そして隣のお家がいち早くカラーテレビを買いました。そうね、いまでいうなら大型の液晶テレビみたいなもんかな。いや、もっとビックリ仰天の大発明や。だって、白黒がカラーになるんやからね。羨《うらや》ましいし、観てみたい。そりゃあウズウズします。

でも、わたしと母は話し合って、ピアノを買いました。

世間が買うから買うんじゃなくって、自分が欲しいものだけを買う。自分に必要だから買う。それが「綾戸家のルール」です。カラーテレビが観たいときには、お隣に草だんごでも持って遊びに行けばいいんやから。

そしてわたしは毎日ピアノを弾《ひ》いて、もっともっと音楽が好きになって、いまもこうしてピアノの前で歌っています。もしもあのとき、世間様に合わせてカラーテレビを買っていたら、もっと違った人生になってたかもしれんよね。

もうひとつは算数のテスト。

あるとき、わたしが算数のテストで0点をとって帰ったの。それをうちの母に見せたら、母はこう言いました。

「あんた、すごいなあ！　普通、目ぇつぶって書いても2点や3点はとれるもんやで。それがまるっきりの0点なんやから、これはえらいことや。100点もすごいけど、0点も同じくらいすごい。どっちもスペシャルなことや」

安心してちょっと嬉しそうな顔をしているわたしに、母はピシャリと付け加えます。

「でもな、この0点というスペシャルが通用するのはここだけ、家の中だけや。わたしが親やから褒《ほ》めるんや。世の中に出て評価されるスペシャルは100点のほう。それは忘れたらアカンで」

個性ってそういうこと。同じスペシャルなら、犯罪者みたいに悪いスペシャルになるんじゃなくって、もっとまわりの人から喜ばれるようなスペシャルにならんとね。

子どもに隠すものなんてない

わたしが本当に腹を割って本音で話せる相手は、いつだって母でした。

じつはいま（２００９年現在）、わたしは音楽活動をいったん休止して、毎日母の介護をしています。これができるのも、母への愛や感謝の気持ちが人一倍強いから。母にはどんなに感謝してもしきれないし、いまの綾戸智恵を作ってくれたのは、間違いなく母です。産んでくれたのはもちろん、こんなふうに育ててくれたのも、人生のいろんなことを教えてくれたのも、すべて母。

うちの母はとにかくオープンな親でした。幼稚園のころから、どんな映画でも観せてくれました。子どもにはちょっとキワドイような映画でもね。いまでいう「R指定」なんて言葉、綾戸家にはいっさいなかったね。

これは音楽でも同じ。たとえば、わたしが小学生のとき、デニー白川《しらかわ》さんという歌手が人気だったの。「日本のナット・キング・コール」と呼ばれたジャズシンガー。

それで、そのデニー白川さんが大阪のナイトクラブでショーをやるという話を聞いてね。クラブといってもホステスさんがたくさんいる、ちょっとエッチなお店。普通に考えたらとても子どもが入れるような場所じゃない。それでも母に「デニー白川が来るから観たい！」って頼んだら、連れて行ってくれました。小学生の女の子をね。

そうそう、ハワイのストリップバーにも連れて行ってもらったな！

中学生のとき、家族でハワイ旅行に行ったの。それで母が「どこに行きたい？」って言うから、わたし「本場のストリップに行きたい！」って言ったのね。

だって、ハリウッドのアクション映画とかを観てると、たいていストリップバーのシーンが出てくるでしょ？　刑事が犯人を探すときとか。そしてバーにはバンドがいて、ダンサーたちの動きに合わせてドラムロールをやったり、シンバルをジャーン！　と叩いたり、いろいろ演出するわけ。じーっとダンサーの女の子を見つめながら。それがカッコイイなあと思ってたから、一度本場のストリップバーに行ってみたかったの。

というわけで母と二人、夜のストリップバーに行ってね。まわりにいるのは体の大きな白人の男ばっかり。わたしたち親子は、ダンサーのお姉ちゃんたちはそっちのけで、ずっとバンドマンを見てました。

だからね、親も先生も、エッチなものなんて隠す必要ないと思うの。人間なら誰だって、いつかは経験することなんだから。隠せば隠すほど見たくなるし、ヘンなこと考えるし。子どもって、親が考えている以上に大人だからね。

もうひとつ、こんなことがあったな。

ちょうど高校2年生のころだったと思うけど、ちょっと不良っぽくしてた女の子がわたしのところに相談にきてね。「妊娠したかもしれん」って言うの。わたしはオマセさんやったから、そういう相談をよく受けたのよ。

わたしはできるだけ落ち着いて、こう言いました。

「とにかくお母さんに相談しなよ。お母さんは女だからわかってくれる」

でも、その子は顔を真っ青にして首を振る。

「こんなこと親に知られたら殺される」

「えーっ、自分の子どもを殺す親なんかおるわけないやん！」

「いや、絶対殺される」

どうにもならんから、ひとまずうちの母に相談しようという話になってね。

もちろん母は、「ちゃんとお母さんに言いなさい。お母さんならわかってくれるから」と、わたしと同じ意見。

結局、彼女は自分のお母さんに話をして、こっぴどく叱《しか》られたの。これはまあ、しかたないよね。

ところが問題は次の日よ。

その子は親とケンカして、またわたしのところに逃げてきて、夜までずっとうちにいたの。そして晩ごはんも終わったころ、うちの母が「夜も遅くてお母さんも心配してるだろうから、電話をして家に帰りなさい」と言ったのね。

でも、その子が電話をしてみたら、向こうのお母さんは「帰ってこなくていい。今日はチエちゃんの家に泊まらせてもらいなさい」って言うのよ。

しかも、その理由が「こんな夜中に娘がこそこそ一人で帰ってきたら、ご近所さんに体面が悪い」っていうんだからビックリよ。

これにはうちの母が大爆発してねえ！

その子のお家に電話して「いまからわたしが責任もって連れて行きます。それにいったいアンタはなんや。自分の子どもやったら1分でも早く帰ってきてほしいと心配するのが親と違うか。アンタは子どもより自分の世間体が大事なんか！」って怒鳴って、もう大ゲンカよ。

うちの親は、そんな親。

隠しごともないし、いつだってオープンでストレート。怒るときはよその子にも、よその親にだって本気で怒る。クラスのみんなから「あんなお母さんがいて羨ましい」って言われてました。

つまらない大人に負けず、つまらない大人にならない

だからわたしは反抗期もなく、友達もたくさんいて、とても楽しい高校時代

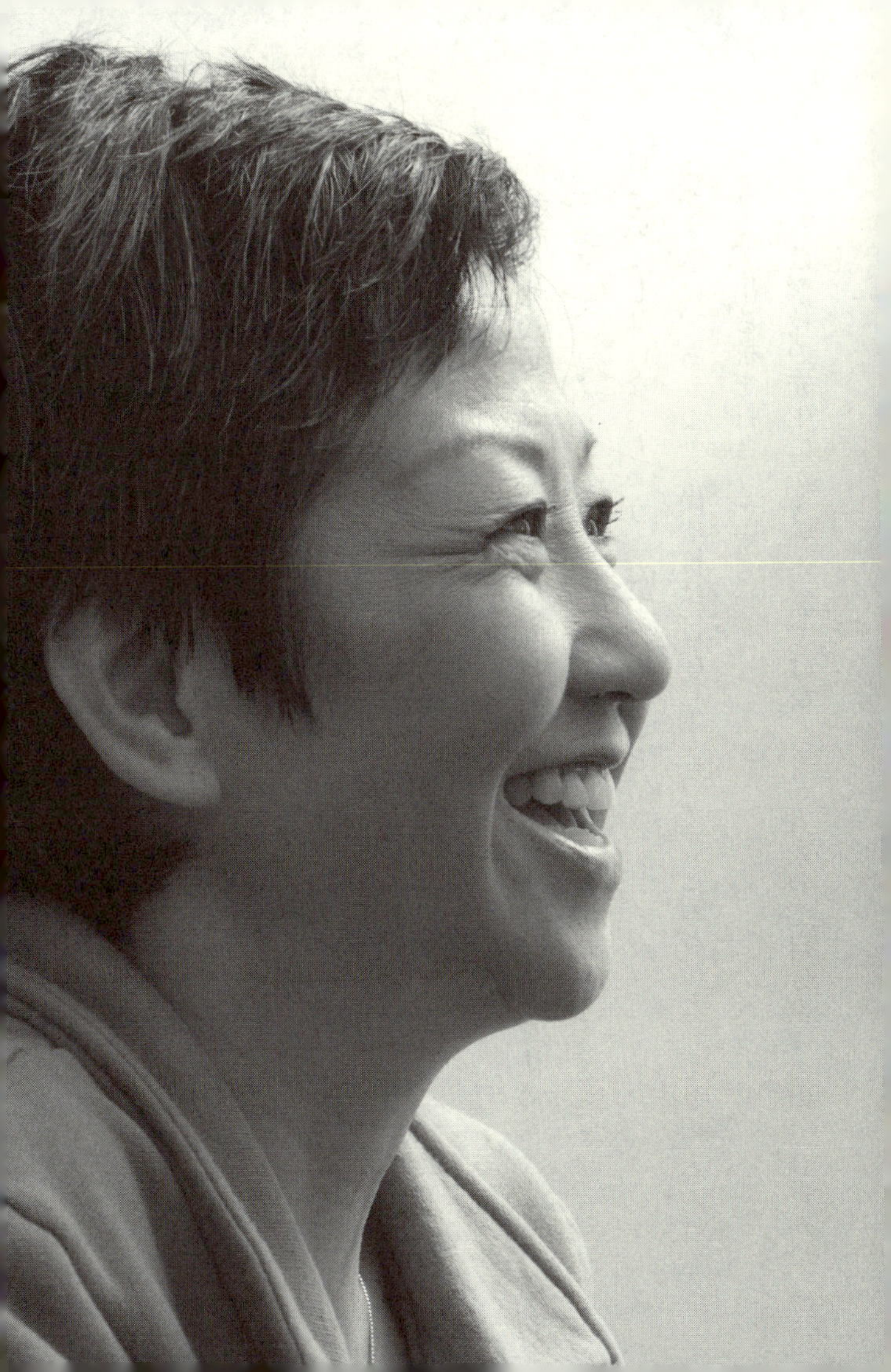

をすごしたと思うけど、唯一問題だったのが学校の先生ね。

中学のとき、万博とかジャズクラブ通いのおかげで、わたしには外国人の友達がたくさんいたの。そこで、英語の教科書を彼らに読んでもらうのね。そうやって彼らの発音、リズム、アクセントをしっかり覚えて、授業になったら得意げにスラスラ読み上げるわけ。もう外国人みたいに「アーハン？」とか「オゥ、ノー！」とか挟みながら。クラスのみんなは「すげー」って喜んでくれる。ところが先生は、「なんだその読み方は！」って怒っちゃうのよ。おかげで英語の先生に嫌われちゃってね。

そこで気づいたのは、「大人たちは自分の頭の中で『枠《わく》』を決めちゃうんだ」「そして、その枠を超えると評価しなくなるんだ」「最高すぎる答えは、最低といっしょになっちゃうんだ」ということ。

要するに、あれよ。「出る杭《くい》は打たれる」ってことわざ。たいていの大人はそうよ。出る杭を打とうとする。

これは学校の先生にかぎった話ではなくて、大人って自分の頭の中で0点から100点まで、目盛りを決めちゃってるの。そして相手が100点の答えを出してきたら褒めるんだけど、120点の答えを出してきたら褒めない。どういうわけだか「ちゃんとやれ！」と言ってくる。自分の許容範囲を超えたものを、認めようとしないの。

なんで認めないのか？

うーん、わたしにもわからない。

ただ言えるのは、そんなつまらない大人に振り回される必要はない、ということ。世の中に出たら、ちゃんと120点の自分を評価してくれる人がたくさんいるから。学校や家庭の小さなくくりだけが「世界」じゃないの。

そしてもうひとつ大事なことは、そんなつまらない大人に負けて、自分までつまらない大人になっちゃダメだということ。

これね、ちょっとした会話の中にも表れるのよ。

また母の話になるけど、あの人はとにかく言葉に躊躇《ちゅうちょ》がない人でした。要するに「ありがとう」も「ごめんなさい」も躊躇なく言葉にできる。照れたり迷ったりすることが全然ない人。自分の中でヘンな枠をつくってなかったし、いろんな価値観を受け入れることができたのね。

じゃあ、みんなに質問です。

誰かに優しくしてもらったとき、素直に「ありがとう」って言ってる？

誰かを傷つけてしまったとき、素直に「ごめんなさい」って言ってる？

つまらない大人たちは、これができないのよ。

なんだか自分を守ることばっかり考えて、どんどん許容範囲が狭《せま》くなっちゃって。

だからみんなも、もっと素直に「ありがとう」や「ごめんなさい」を言えるようになろう。まずはそこから始めよう。つまらない大人にならないためにね。

「好き」を仕事にするということ

こんな仕事をしてるからなのか、「自分の好きなことを仕事にするにはどうしたらいいですか？」と相談されることがあります。

そういう話を聞くとね、いつも「好きなことは『好き』のまま置いておけばいいのに！」と思うの。

わたしがジャズシンガーとしてCDデビューしたのは40歳。みんなからすると、すっごいオバチャンだよね？

それまでずっと、パートやアルバイトをしてました。クラブでピアノを弾くだけじゃなくって、お料理の先生をしたり、デパートの販売員をやったり、ウエイトレスもやったし、なんでもやりました。もちろん家の中では主婦業、母親業もね。

あのね、単純に考えてみて。

好きなことって、一生「好き」でいいのよ。せっかくめぐり合って好きになったんだから、一生「好き」を続けるべきなの。

わたしの場合でいうと、音楽でお金を稼げなくても、音楽のことは大好き。お金にならないから音楽をやめるなんて、考えたこともなかった。お仕事はお仕事として、少しでもたくさんのお給料がもらえる仕事を探しつつ、好きな音楽も続けていった。そしてたまたま、40歳になって「好き」と「仕事」が一致した。それだけの話なの。

もし、一致しなかったらどうしてたか?

それでも、わたしは音楽が大好きだったはずだし、普通のお仕事をしながら、どこかのピアノバーなんかで歌ってたと思うよ。

だって、その生活に不満なんかないから。

ちゃんと住むところと着るものとごはんがあって、大好きな家族がいて、しかも自分の好きなことを続けてて、なんの不満がある?

こんな話をすると「そうじゃない、自分はサラリーマンじゃなくってミュージシャンになりたいんだ！」と思う人もいるかもしれない。

以前、歌手志望の女の子から「どうすれば綾戸さんみたいな歌手になれますか？」って聞かれて、わたしはこう答えたの。

「とにかく40歳まで待ちなさい。生き続けなさい。わたしが言えるのはそれだけ」

女の子は「え？」って顔をしてる。

わたしの「40歳まで生き続けなさい」には2つの意味があるの。

ひとつは「生きること」。これは生命を維持するというだけでなく、「メシを食う」ということね。どんな職業でもいいから、ちゃんとお仕事をして、ごはんを食べていくこと。家族ができたら、食べさせていくこと。

そしてもうひとつは、「ちゃんと好きなことを続けていくこと」。運のいい人、運の悪い人はいるかもしれない。でも、生き続けて、好きなことをちゃんと続けていたら、なにかがある。少なくとも、その可能性はずっとある。わたしが40歳にして遅咲きのデビューをしたようにね。

そんな遠回りしたくない？

いやいや、遠回りじゃないのよ、これが。

ウエイトレスもジャズシンガーも「心」は同じ

わたしがアメリカ行きの資金をつくるために、デパートの販売員をやっていたときの話をしましょう。

そこは紳士服を販売するお店だったんだけど、販売成績でわたしが断トツの1番になったのね。接客は大好きだし、人を褒めるのも上手だったし。それで店長さんが「ご褒美《ほうび》や！」ということで、奮発して立派な料亭に連れて行ってくれたの。もちろん、わたしは料亭なんかに行くのは初めて。

まあ、ビックリしたね。料亭ってすごいなと思った。わたしが驚いたのはお料理じゃなくってお茶。仲居《なかい》さんが、お料理が出る前にお茶をたててくれたの。茶道みたいに、本格的なお茶をね。

そして隣で待っていた外国人のお客さんに「For a waiting, just a little giveness.」って渡すのよ、着物を着た上品でキレイな仲居さんが。ニュアンスとしては「お待ちの間、心ばかりの粗茶ですが」って感じかな。

もう、一発でノックアウトよ。それを見た瞬間に「カッコイイ！　わたしもここで働きたい！」とクラクラきた。

そこで、連れてきてくれた店長さんに「すみませんが、今日かぎりで辞めさせてください」ってお願いしたの。売り上げが1番になったご褒美の場なのに。店長さんは「なんで？　あんなに楽しそうにやってたし、成績もいいじゃないか」と引き止めるんだけど、正直に「お仕事は楽しいし、なんの不満もありません。でも、ここの仲居さんをやってみたいんです。だって、カッコイイと思いません？」って言ってね。店長さんも、最終的にはわかってくれたわよ。

次の日からは料亭でアルバイト。着物も着られるし、外国人やどこかの社長さんなんかと話すこともできる。すっごく充実した毎日。

すると、わたしが英語が好きだというのを聞きつけた常連さんが、「クラブで働かないか」と言ってくる。そのクラブは外国人がたくさん集まるから、もっと英語が話せるぞ、おまえの英語はおもしろいし、ちょうどいいじゃないか、と。

さあ、今度はクラブでホステスさんのアルバイト。なるほど外国人のお客さんも多いし、今度も楽しい職場です。

でも、わたしは化粧っ気もないし、色っぽくもない。だからなんとかお客さんを喜ばせようと思って、ピアノを弾いたの。当時はカラオケがない時代だったから、生のピアノに合わせてお客さんが歌うのね。

もちろんお客さんは素人《しろうと》さんだから、リズムも音程もめちゃくちゃ。それでもわたしはお客さんがリズムを間違えたら、それに合わせてピアノもワンテンポ遅らせる。音程も合わせてあげる。お客さんが気持ちよく歌えるように、アドリブでね。

すると評判になって、ホステスはいいからピアノだけやってくれという話になる。「チエちゃんのピアノだとうまく歌える」と、みんなが喜んでくれる。

そして今度は、「チエちゃんの歌も聴かせてくれ」というリクエストがくる。あの歌を歌ってくれ、この歌を歌ってくれとリクエストだらけになる。お客さんの要望に合わせて、どんな歌でもアドリブで歌っていく。

今度はそれを見た別のお客さんがわたしを気に入って……と、まあそんな感じの寄り道、回り道をくり返しながら、わたしは40歳でデビューすることになったの。まるで「わらしべ長者」みたいにね。

じゃあ、その回り道はムダだったか？

とんでもない！

もし、わたしが最初から音楽家になることだけをめざしてやっていたら、ただ「弾く」だけの人で終わってたと思う。「わたしの音楽を聴いて！」ってね。

でも、わたしはたくさんの仕事をして、たくさんの経験をしてきたおかげで、お客さんの一人ひとりを見ながら「いま、この人はなにを求めているんだろう？」って考えられるようになった。お客さんの考えてることがわかるようになった。

おかげでわたしは、「最高の演奏をしよう！」と思ったことなんて一度もない。いつだって「最高に楽しんでもらおう！」なの。

だって、洋服屋さんが自分の好きな服を「これを着なさい！」って押しつけるなんて、おかしな話だよね。わたしも同じ。その人にピッタリなもの、その人が好きな音楽を提供するのがわたしの仕事。

だからね、わたしは自分のことを「音楽屋さん」と言ってるの。

洋服屋さんや八百屋さんみたいな、誰かに喜ばれるための、音楽屋さん。わたしの音楽のベースにあるのは「接客業」なの。

これは、わたしの人生が形づくった、わたしだけのスタイル。40歳までたくさんの経験をしてきたから、できるようになったの。世の中をなんにも知らず、若くしてデビューしていたら、こんなに幸せな音楽屋さんにはなれなかったよね。

才能よりも大切なこと

みんなの中には「自分には才能がない」と悩んでいる人もいるかもしれないね。

正直言うと、わたしはピアノもそんなに上手じゃないし、歌だってうまくない。英語の発音もパーフェクトじゃない。歌にも演奏にも波があって、調子に左右されることもある。だから、音楽的に「最高のジャズ」を奏《かな》でているわけじゃない。少なくとも、音楽の天才なんかではないわけよ。

じゃあどうして、いまジャズシンガーとして活動できているかというと、〝わたし自身〟を表現しているからだと思う。こうやって生きてきた、綾戸智恵という人間をね。

わたしのコンサートに来てくださるファンの方々は、単に「ジャズが好き」というわけじゃなくって、きっと「綾戸智恵が好き」という人のほうが多いと思う。これって最高に嬉しいことだよね？

結局、なにが言いたいかというとね、大切なのは「一生懸命生きること」なのよ。

生きていれば、表現するものの中にその人の人生が映し出されるの。

一生懸命に生きていなかったら、なにも映らない。テクニックばっかりの機械みたいな音楽になっちゃう。これは音楽でも絵でも料理でも、なんでもいっしょ。

だから、わたしの答えは「40歳まで待ちなさい。それまで生きなさい、続けなさい」なの。

音楽が好きでも、絵が好きでも、それが中心で「生きること」が外側になったらおもしろくないし、つぶれちゃう。わたしだってそうよ。わたしの中心は音楽ではありません。生きることが中心です。

そして真剣に生きていたら、その人なりの「色」が、音楽や絵や、いろんなものの中に映し出されていくのよ。

たとえばあの人、伊能忠敬《いのうただたか》って知ってる？

江戸時代に日本全国を歩き回って、立派な日本地図をつくったオジサン。たぶん歴史の授業でも習うよね。

伊能さんはもともと商人だったの。50歳までちゃんと働いて、隠居《いんきょ》、いまでいうと定年退職してから、日本地図づくりをスタートさせているのね。しかも私財を投じて。

これはわたしの勝手な想像だけど、たぶん伊能忠敬って人も、ずっと星とか自然とか天文学が好きで、仕事帰りに夜空を見上げては「この国はどんな形をしてるんだろうなぁ」とか考えてたんだと思うよ。

それでいろんな経験を積んで、50歳になってようやく日本地図づくりがスタートできた。きっと20歳や30歳でスタートしても、うまくいかなかったんじゃないかな。そんな気がする、わたしといっしょでね。

自分には才能がない？

そんなこと、考える必要はありません。

商売で考えてごらん。物を売るというのは、お客さんがなにを求めているか、どうしたら喜ぶかを見極めることでしょ？　そこに才能なんか関係ないよ。

だって、みんなのお母さんだって毎日の献立《こんだて》で同じこと考えてるんだよ？

「昨日はカレーだったから、今日は少しさっぱりした料理がいいかな？」

「今日の朝、テレビで豚カツのお店を紹介してるのを見て『おいしそう』って言ってたな。今晩豚カツを出したら、きっと喜んでくれるわ」

お仕事ってそういうこと。

相手の気持ちをくみ取ることができれば、少しくらい料理がへたでも、豚カツが固くても、家族は喜んでくれる。音楽だって、お客さんの気持ちをくみ取ることができたら、少々リズムが悪くてもお客さんは喜んでくれる。

大切なのは、生きて、たくさんの人に出会って、たくさんの経験を積んでいくこと。

そう考えると、いま学校で勉強してることも、将来社会に出てお仕事すること
も、全部が自分の「好きなこと」につながるよね。

いつか「16歳の自分」に感謝するために

もし、16歳の自分に会えるとしたら、「褒めてやりたいこと」と「叱ってやりたいこと」がそれぞれあるんです。

褒めてやりたいのは「なにごとも先送りしなかった」ということね。今日できることは今日のうちにやった。今年できることは今年のうちにやった。なにひとつ先送りしなかった。たとえば「アメリカに行きたい!」と思ったときも「でも、大学を出てからでいいか」とは考えなかった。

当時ね、ある人から「ロサンゼルスは21歳からが成人だ。高校生がジャズクラブに行っても未成年だから入れないぞ」と言われたの。

でも、それを聞いたわたしは、「未成年だから入れない」っていう経験をしたい、と思った。お店のアメリカ人に「身分証明書を見せてみろ。おまえは未成年だな。入店お断りだ！」って言われてみたかった。

だって、そんなの高校生のうちしかできない経験でしょ？　21歳になったら手遅れになる。できるはずの経験ができなくなる。

いま気づいたこと、いま感じたことは、いまやらなきゃだめなのよ。

もし21歳まで待って、21歳の自分が「もういいや」と思ったらどうする？　そう思わない保証なんか、どこにもないよ。

だからわたしのアメリカ行きは、「夢」なんて甘いもんじゃなかった。完全な「計画」。どうやって行けばいいのか、お金、親、学校の問題を考え、いろいろと計画を立てて、ちゃんと貯金もして、ひとつずつ実行していった。

高校2年生の6月に、卒業アルバム用の写真を撮ったのね。そのときカメラマンのおじさんに「ねえねえ、この写真ってパスポートにも使えるの？」って聞いて、「使えるけど、パスポートを申請する1年前までに撮った写真じゃないとだめだよ」と教えてもらった。

ということは、1年後、3年生の6月までにパスポートを取らなきゃいけないな。そう考えて、おじさんにもう1枚、パスポート用の写真を撮ってもらってね。

写真1枚とってもそんな感じ。全部自分で調べて、計算して、大人を説得する材料も揃えて、卒業できるだけの出席日数も確保して、当然お金も貯めて、そのうえで「だからアメリカに行かせて！」と言った。

アメリカに行ったのは、ちょうど高校3年の6月です。先生は「夏休みまで待て」と言うんだけど、パンフレット片手に7月になると飛行機代が何万円も高くなると説明して、向こうの大学に入れるかもしれないとか小さなウソも混ぜて、6月30日に出発しました。母親も学校の先生も、そこまでやったら認めざるをえないよね。

大人を説得して、新しい扉を開けるためには「大きな勇気」と「ほんの少しの常識」が必要です。

くやしいけど、熱意だけでは大人は認めてくれない。大人になにかを認めさせるには、ほんの少しの常識が必要なの。ちゃんと考えてるんだな、こいつは真剣なんだな、もう子ども扱いできないな、と思わせる説得材料がね。

それを全部やりきった16歳の自分に、わたしは感謝してる。

あのときできることは全部やったし、そのおかげで、いまの自分がいるしね。「あのときアレをやっとけばよかった！」みたいな感覚が、いっさいないの。人生のどの場面を切り取っても、完全燃焼してる。

だからみんなも、いまできることは先送りせず、全部やってみて。大きな勇気と、ほんの少しの常識を武器に、ね！

心配をかけるのは最高の親孝行

それでも、ひとつだけ反省点というか、最近気づいたことがあります。

わたしの息子がね、いまロンドンに留学してるの。

その出発の日、成田空港までいっしょに車で向かいました。車に乗ってる間は「あんた、わたしよりも英語うまくなるんやろうなあ」「イギリス式の嫌味な英語を身につけて帰ってくるんやろうなあ」なんてゲラゲラ笑って、すごく楽しかった。

さて、空港に着いて搭乗手続きを済ませて、いよいよ息子が搭乗口に入っていきます。わたしも息子も「じゃーねー！」って元気に手を振って、明るく見送りました。

息子の背中、息子の頭が少しずつ人混みの中に消えていきます。そして、もう完全に見えなくなりました。

でも、そこから動けないの。

いつまでも息子の背中を追いかけて、見えるはずもない背中を追いかけて、背を伸ばして、ずっと人混みを見やったまま。立ちつくしてるの。足が動かない。

このとき、何十年も前、意気揚々《いきようよう》とアメリカに旅立っていった高校生の自分と、それを見送る母の姿がバーッとオーバーラップしてね。涙とも違う、頭が真っ白になるというか、ちょっと言葉で表せないような感情が襲《おそ》ってきた。

それですぐ母に電話したの。

「お母ちゃん、わかったよ！　わたしをどんな気持ちでアメリカに送り出してくれたのか、やっとわかったよ！」って。

わたしの息子は、向こうでのステイ先も、学校もわかってる。ロンドンのヒースロー空港には学校からやってきたお迎えの人が待っている。なにもかも万全で、恵まれすぎているくらい。それでも夜中にガバッと目が覚めて、航空会社に電話したからね。

「成田発ヒースロー空港行きの○○便は、無事に到着しましたか？　事故とか遭《あ》ってませんか？」って。

一方、わたしがアメリカに行ったときは、最初の2日間泊まるホテルがわかっているだけで、あとは「どうにかするから大丈夫や！」とか言ってただけ。

まだまだ海外旅行が珍しい時代、母がどんな気持ちでわたしをアメリカに送り出してくれたのか。そして、そんな母の気持ちなんかひとつも考えず、無我夢中で飛び出していった自分が、どれだけ無神経だったか。あんなに愛してくれてた親に、どれだけ心配をかけたことか。一応は女の子やし、心配はわたしの息子の何倍、何十倍だったと思う。本当にね、この歳になって母親として同じ経験をしてようやくわかったのよ。

でも母がすごいのは、そうやってわたしが電話したとき、「わたしはあんたが思っとるほど心配してなかったで」って笑ったの。

何十年もいっしょにすごした親子だからわかる。

母はわたしに、「どんなに心配でも、笑顔で送り出してやりなさい」って言いたかったのね。もうね、この人には一生勝てんわ、と思った。

ただね、ここからが大事なところ。

親に心配かけたことは、申し訳なく思う。

それでも、子どもは「ほんのちょっと心配をかける」くらいじゃないとダメなの。

親になんの心配もかけず、親の言う通り、親や先生の望む通りに、我慢ばっかりでなんのチャレンジもせずに生きてたって、つまんないよ。親がいなくなったとき、しぼんじゃうよ。そして本当は、そんな子どもだと親もつまんないと思う。

もちろん、法に触れるようなことをやっちゃダメだよ。でも「ほんのちょっと心配をかける」くらいの冒険やチャレンジ。それが大事なのよ。

みんなはね、いま「こんなことしたら親が心配するかな？」なんて考えなくていい。

だって、本当のところはわからないもん、16歳のうちには。

親の気持ちなんて、自分が親になってみないとわからないよ。そして、まだまだわからなくていいの。

おじいちゃんやおばあちゃんに聞いてごらん。みんなのお父さんやお母さんだって、若いときには親に心配ばかりかけて育ったんだよ。いたずらもしたし、ちょっとくらいは悪いこともしたし、反発したし、学校もサボったかもしれないし、エッチなこともたくさん考えたし。

そうやって、みんな大人になっていくの。子どもも親も、いっしょに育っていくの。

ほんのちょっと心配をかけるくらいが、ちょうどいい親孝行。

いい意味で親や先生をビックリさせるよう、自分でドアを開けてみようよ！

綾戸智恵さんへ 5つの質問

Q どんなお子さんでしたか？

A よそのクラスのみんなも知ってる子。「何年何組のアヤドが、またなんかやったらしいで」って感じでね。人気者だったよ。

Q 学生時代の得意科目と苦手科目は？

A 得意なのは音楽。国語も好きだったな。苦手は数学。母親から「どうやったら数学好きになる？」って聞かれて、「数字の下に『円』がついてたらもっと真剣に考えるんやけどなあ」って答えたことがあったわ。

Q 好きな言葉と嫌いな言葉は？

A 好きな言葉は「生きたるで！」やね。もしも神様が決めた寿命があるとしたら、その寿命より１日長く生きたい。嫌いな言葉は、否定形の言葉ぜんぶ。みんなも気ぃつけんと、否定形の言葉ばっかり使ってたら、どんどんネガティブな人間になっていくよ。

Q 10代のころ、感銘を受けた本や映画は？

A シドニー・ポワチエという黒人の名優が主演した『野のユリ』（1963年）かな。修道僧と黒人青年の物語でね。けっして派手な作品じゃないんだけど、物語も音楽も、とても好きな映画。

Q 「大人になる」とは どういうことだと思いますか？

A いろんな種類の涙を知ること。そして少しずつ優しくなること。

2時限目

「数学の力」は大統領にも勝る

凝り固まった「思考の渋滞」を解消しよう

「渋滞学」を提唱する研究者

西成活裕

にしなり・かつひろ　1967年、東京都に生まれる。東京大学大学院工学系研究科航空宇宙工学専攻教授。1990年に東京大学を卒業し、修士と博士課程を航空宇宙工学で終える。専門は数理物理学、および渋滞学。山形大学、龍谷大学、ケルン大学理論物理学研究所（ドイツ）客員教授を経て現在に至る。著書『渋滞学』（新潮選書）が講談社科学出版賞などを受賞。日本テレビ「世界一受けたい授業」に出演するなど、多くのテレビ、ラジオ、新聞などのメディアで活躍している。

方程式や関数を習ったとき、みんなは「こんなもの、社会に出てなんの役に立つんだ」と思ったことだろう。しかし、「渋滞学」というまったく新しい学問分野を提唱する気鋭の研究者、西成活裕さんは「数学ほど役立つ学問はない」と断言する。二次関数も微分積分《びぶんせきぶん》も、社会の至るところで使われているし、役に立つのだ、と。また、大学の研究者とはどういう仕事なのかという話も、非常に興味深いところだ。数学や理科が苦手な高校生ほど、真剣に耳を傾けてほしい特別講義である。

龍山高校特進クラス担任　桜木建二

僕を研究に向かわせた「謎の言葉」

僕は現在、大学で「渋滞学」というまったく新しい学問の研究をしています。

渋滞学とは、クルマや人が渋滞してしまうメカニズムを、数学や物理の力で解き明かし、どうすれば渋滞が解消するか考えていこうという新しい学問分野です。

渋滞の詳しい話についてはおいおい説明するとして、まずは、僕がどうして研究者の道を選んだのか、というところからお話ししていきましょう。

僕が最初に「研究者」という存在を意識したのは、小学生のときでした。よく卒業記念で、自分の夢を書いた紙をカプセルに入れて、校庭に埋める行事がありますよね。少し前に、そのタイムカプセルを掘り起こす機会があったんです。

するとと、自分ではすっかり忘れていたんですが、僕の夢は「研究所をつくること」でした。なんでも語学研究所をつくりたいらしく、世界の人たちが言葉の壁を越えてコミュニケーションできるような、ものすごい翻訳機をつくりたいんだ、と。

研究している分野こそ違えど、当時から「研究者」というキーワードが自分の中にあったのは、ちょっと新鮮な驚きでしたね。

ただ、もう少し思い返してみると納得がいくんです。〝きっかけ〟を与えてくれたのは父。うちの親父は普通の会社員でしたが、機械をいじるのが大好きで、家のいろいろなところに電子部品が転がっていました。

そしてある日、小学校の2年生くらいのころかな。親父が転がってる部品でラジオをつくってみせてくれたんです。不格好な、いかにも手づくりっぽいラジオ。それでも、スイッチをひねるとちゃんと音楽が流れる。

やっぱり感動するし、不思議でしかたないんですよ。

どうして、こんな小さな部品を組み合わせただけで音が出るんだ？　電波ってなんだ？　その電波とやらを受信して、どういうカラクリで音が出てくるんだ？

手づくりだけに、お店で売っているテレビやラジオとはまったく違う驚きがある。

そこでラジオについて書かれた本を調べてみると、「オームの法則」という謎の言葉が出てきました。

親父に聞いてみる。親父は「そんなの詳しく知らない、自分は組み立てているだけだ」と言う。謎はますます深まるばかり。まだ小学校の2年生だから、オームの法則の説明を読んでも理解できない。親父も教えてくれない。納得できないんですよ。

「いったいオームの法則ってなんなんだ！」

そういう経緯があって、僕は親父のような「技術」より、その背景にある

「理論」に惹《ひ》かれていくようになるんです。技術者ではなく、研究者志向になっていくんですね。

うん、あの「オームの法則」って言葉の、不思議な響きは大きかったな。

「大人も知らない」を知った日

もうひとつ、小学生時代に決定的な「事件」が起こります。

小学校の算数で、円の面積の求め方について習いますよね。そう、あの「半径×半径×3・14」という公式です。

これがどうしても納得できなかった。どうして「半径×半径」に3・14を掛けるのか。なぜ、それで円の面積になるのか。しかも円周率は3・14159265……と永遠に続いていくのに、3・14として計算するのはおかしいじゃないか。そんなものを「正解」と呼んでもいいのか。

授業後、先生にそんな疑問をぶつけたところ、先生も「それはわたしにもわからない」と言う。そして「これは公式なんだから、とにかく覚えなさい」という態度なんです。

そりゃあ、びっくりしましたよ。「えっ、先生なのにわからないの？」「わからないのに教えてるの？」「僕はわからなくても、覚えればそれでいいの？」ってね。

この日以来、僕は「先生」に頼ることなく、自分のやりたいようにやる、と決心しました。独学の始まりです。

高校に入ってからは、教科書すら買わないときもありました。1年生のときに先輩から借りて、全部読んじゃったから。

先生に「教科書は使わない、だから買いません」って言ったら、めちゃくちゃに怒られましたけどね。でも、いらないものはいらない。頑《がん》として買いませんでしたよ。

そして高校時代は授業中に耳栓《みみせん》をしていることも多かったですね。たとえ話ではなく、本当に耳栓をしていたんです。だって、いちばんうるさいのは先生の声だから。勉強の邪魔だった。

僕は自分の勉強がしたい。自分のやり方もある。だから耳栓をさせてもらう。それだけの話です。

僕が円の面積の一件を通じて気づいたのは、「大人も知らないんだ」ということ。しかも普通の大人だけじゃなく、先生でさえ本当のところは知らない場合があるということ。

ここで、「大人も知らないんだから、自分も知らなくていいんだ」と考えるか?

それとも、「自分だけは意地でも突きとめてやる!」と考えるのか?

僕は後者を選びました。

あらゆる「勉強」を「研究」に切り替える

こうして小学生にして「先生」から離れてしまった僕は、とにかく家に帰ってから独学の日々をすごすようになりました。

うちの両親は放任主義だったので、「勉強しろ」と言われたことはありません。それでも、先生から離れたんだからしかたない。自分でやるしかないんだと思って、机に向かいました。友達から「野球やろうぜ」って誘われても、グッと我慢して。

ところが不思議なことに、いざ自分で勉強をやってみると、これがおもしろいんですよ。

学校の先生に頼らず、自分で調べて、自分の頭で考えて、自分で答えを見つけていく。するとなんだか、それまでの勉強とまるで違うんです。

結局、これが「研究」の原体験だったんだと思います。

誰かにやらされる勉強ではなく、自分で道を切り拓《ひら》いていく「研究」。研究だったら楽しいに決まっていますよ。自分のやりたいこと、興味のあることを探求していくわけだから。

みんなも、いままでのつまらない「勉強」を、なんとか「研究」に切り替えていってほしい。「自分がやってるのは研究なんだ」という意識で取り組めば、まったく違う風景が見えてくるから。

どうすれば「研究」ができるのか、ちょっとしたコツを伝授しましょう。

たとえば、教科書に微分積分の説明が書いてある。これを読んだだけで理解できる人はほとんどいないはずです。

最初は「ん？　なに言ってんだ、これ？」って思いますよね。

このとき絶対に素通りしない。少しでも引っかかるところがあったら、どれだけ時間がかかってもいいから、自分の力で疑問を解決する。

キーワードは「『なぜ？』を5回言え！」です。

なぜ、こうなのか？

「Aだからだ」

なるほど。それではなぜ、Aなのか？

「Bだからだ」

こうやって、「なぜ？」を5回くり返していく。引っかかった原因を、根っこの部分まで掘り起こしていく。もしも3回目の「なぜ？」で答えが詰まったとしたら、それは本質がわかっていない証拠。本質の部分がわかっていなければ、将来使えません。小手先だけのテクニックなんか、なんの役にも立ちませんから。

たいていの人は1回の「なぜ？」で終わってしまいます。でも、せっかくいま、僕の話を聞いてくれているみんなには、5回くり返す習慣を身につけてほしい。それだけで、まわりに大きな差をつけられるはずです。

この習慣は、大人になってからも必ず役に立ちます。

仕事がうまくいかないとき、商品が売れなくなったとき、工場の生産性が落ちていったとき、とにかく「なぜ？」を5回くり返す。そうすれば、根本のところにあった問題が見えてくるんです。自分が見落としていた、大事な「なにか」がね。

もうひとつ、僕が小学校のころに発明した、発想力を鍛《きた》える遊びがあります。

まず小さな箱を用意する。そして、箱の中にたくさんの紙切れを入れる。それぞれの紙切れには適当なキーワードを書いておく。「犬」「テレビ」「辞書」「ロケット」「野球」「警察」「田んぼ」……なんでもいいから思いついた言葉を書いておく。

そして、箱に手を突っ込んで2枚の紙を取り出す。仮に「犬」と「田んぼ」が出てきたとしましょうか。ここから「犬と田んぼのつながりは？」と考えるんです。

たとえば「犬が人に飼われるようになったのは、田畑を外敵から守るためかもしれない」とか、「全国で出てくる犬の糞《ふん》を、田んぼの肥料にできないだろうか?」とかね。

箱を使わなくてもいいですよ。キーワードを書いた紙をポケットに何枚も入れて、暇なときにパッと取り出す。そして2枚のつながりを考える。

僕自身、いまでもときどきやっています。発想力、あるいは類推する力の訓練ですね。発想力なんて、才能の問題じゃない。やろうと思えばいつでも鍛えられるんですよ。

数学とは「小学生が大統領に勝てる武器」

きっとみんな、僕が小学生にして先生から離れたとか、教科書も使わなかった、授業中に耳栓をしていたという話を聞いて、「変わったヤツだなあ」と思ったことでしょう。

実際、当時はまわりもそんな様子でした。

あいつは教科書も使わず、先生の言うことも聞かず、ひとりで得体《えたい》の知れない勉強をやっている。しかも、それで点がとれている。……おもしろくなかったんでしょうね。だから、正直に話すといじめも受けました。上履《うわば》きを隠されるとか、下駄箱が水浸《びた》しになってるとか。先生たちからも煙たがられていたし、孤立無援の状態です。

このとき、僕を支えたものはなんだったか？

「数学」です。

僕には数学という、絶対的な武器があった。

どんなに口が達者な大人が束《たば》になってかかってきても、数学を否定することはできません。数学は絶対不変の真理ですからね。地位もお金も関係ない。正しいものは正しい。どんな少数意見でも、数学で証明すれば勝てる。

もし、「数学ってなんですか?」と聞かれたら、僕はこう答えます。

「小学生が大統領に勝てる武器。それが数学です」と。

数学で正しいと証明してしまえば、それは大統領にも否定できないんです。たとえ相手が小学生でも、大統領は「YES」と言わざるをえない。もしも「NO」と言ってしまったら、その瞬間に大統領の権威は崩れ落ちてしまいます。だって、それは明らかなウソですから。

こんな強力な武器なんて、ほかに考えられますか?

僕が始めた「渋滞学」という学問だって、いろいろな人たちから批判されます。ほとんどは「なんとなく信用できない」という感覚レベルの批判ですが、これまで世の中になかったジャンルを新たに作り出したわけだから、当然理解されないことはあります。

でも、僕には数学がある。渋滞学の背後には、鉄筋コンクリートよりも頑丈な数学の理論がある。

そして批判にさらされたときに、僕が思い出すのは坂本龍馬《さかもとりょうま》の言葉です。

「世の人は、われをなんとも言わば言え。わが為《な》すことは、われのみぞ知る」

数学に生きる僕も、まさにそんな心境ですね。異論反論、大歓迎。どんな逆境に追い込まれても、つまらない批判にさらされても、数学があれば絶対に負けませんから。

社会に出て数学ほど役立つものはない

数学が強いのはわかった。たしかに数学で証明したら、大統領でも否定できない。

でも、まだ納得できないという人は多いと思います。

「社会に出て、数学が具体的にどう役立つんだ?」

これは大事なポイントですね。

まず結論から先にいうと、数学は社会に出てからとんでもなく役立ちます。数学ほど役立つ学問はないといっていいくらい。そして、世の中の人たちが数学を理解すればするほど社会はよくなる、というのが僕の意見です。

最近、僕は高校に出向いて、特別授業をやることがあります。

たとえば、パズルを使って数学のおもしろさを教えてくれる先生ならいます。テレビでも、ときどきそんな「楽しそうな授業」をやってますよね。

でも、僕がやりたいのはそんなことではない。パズルのおもしろさを知っても、それで数学が好きになるわけじゃない。パズルのおもしろさって、そこで終わっちゃうんですよ。あくまでも閉じた世界のおもしろさ。

一方で、僕が伝えたいのは「現実社会で使われる数学の姿」です。

社会に出て、どれだけ数学が役に立つのか。社会を取り巻くさまざまな問題を解決していくのに、どれほど数学が役立っているのか。パズルやゲームじゃない、もっと社会に開かれた数学の世界を伝えないと意味がない。

だから、僕の授業ではなにかの式を解いたり、定理を証明してみせたあと、必ず「これが社会でどう使われているか」について説明します。

学校の先生たちって、数学の「解き方」だけを教えて、その「意味」や「意義」を教えてくれないでしょ？　実際、僕も教えてもらったことはありません。

それは「学校の先生たちが知らないから」なんです。教えないんじゃなくって、ただ単に自分たちが数学の使い道を知らない。

なぜ知らないかといえば、自分自身がアンテナを張っていないから。わかりやすいレベルでいえば、最新の論文を読んでいないから。ちゃんと論文を読んでいれば、世の中のどんな分野でどう活用されているのか、具体例を示しながら説明することができます。

たとえば「二次関数」。

きっとみんな、なんのためにやっているのかわかりませんよね？

でも、二次関数を応用することで、たとえば将来「コンセントの要《い》らない充電池」、つまり、自分の周囲の空間を飛んでいる電波から充電できちゃう、夢のような電池の開発にもつながるんです。

あとはケータイで写真を送信するときの圧縮技術にも、二次関数が使われている。

僕の高校生向けの授業では、そうした具体的な事例を、実験や数式を交えながら全部説明します。僕は「意味」のない数学はやりません。そこに「意味」があるからこそ、数学をやっているんです。

もちろん、聞いている高校生たちも目の色が変わりますよ。「なるほど、こういう分野に応用できるのか！」って。一度僕の数学の授業を聞いてもらったら、どんな数学アレルギーも解消できる自信がありますね。

そして、教育者にとって大切なのは「自分の背中を見せる」という意識。

子どもたちに言葉だけで「数学をやれ」って言っても、通用しませんよ。

まずは自分自身が数学のとりこになって、心の底から「数学ってやつは、なんて楽しいんだ！」と思えるレベルに行かないかぎり、子どもたちはついてこない。

僕は数学が楽しくてたまらない。好きで好きでたまらない。その「熱」は子どもたちにも伝わります。小学生にだって伝わります。

コミュニケーション能力としての数学

じゃあ、数学は技術者や開発者だけの学問なのか？

そんなことはありません。

数学は「コミュニケーション能力」にもなるんです。数学で身につけた論理性、ウソをつかず、ウソを許さない力。これは他者とのコミュニケーションにおいても、大きな力になってくれます。

数学では、ウソもごまかしも許されません。論理の階段を一段でも踏み外すと、真《ま》っ逆《さか》さまに落ちてしまうのが数学です。

だからね、数学を好きになるほど自分にウソがつけなくなるんです。

誰かと会話するときも、ちゃんと論拠を示しながら、丁寧《ていねい》に自分の主張を伝えることができる。相手の主張にもしっかり耳を傾けるし、もしも自分に過《あやま》ちがあれば、率直に認めることができる。

もちろん、数学力が高い人ほど相手のウソ、世の中のウソを見破ることができますしね。これも立派なコミュニケーション能力のひとつでしょう。

その意味で考えても、世界的に名の知れた大企業に就職することより、数学力を極めるほうが何倍もの「使える力」になる。

どんな大企業だって、いつ倒産するかわからないでしょ?

でも、数学は倒産しない。数学は倒れない。100年後も200年後も色褪《いろあ》せず、求められる力なんです。

文系とか理系とかに関係なく、もっと数学の強さとおもしろさを知ってもらいたいですね。

合い言葉は「ダメだとわかって3ヵ月」

大学に入ってからの僕は、数理物理学という分野を選択しました。とくに専門として取り組んでいたのが、「流体力学」という学問。簡単にいうと、空気や水がどう流れていくかについて、数学を使って考える学問です。

そして僕には昔から、「人と違ったことをやりたい」という思いがありました。なので卒業後の進路を考えるにあたっても、「流体力学の中で、まだ誰も手をつけていない分野はどこだろう」と考えた。

水や空気の流れについては、もう300年も前から世界中の研究者が取り組んでいる。いまさら僕がやっても意味がない。

じゃあ、人やクルマの流れはどうだ？

人やクルマも移動するもの、つまり「流れるもの」だよな？

そう考えて、渋滞の研究をスタートさせたわけです。

もちろん、個人的に渋滞に巻き込まれたりすることや、人混みや行列が大嫌いだという理由も大きかったんですけどね。


さて、「渋滞が起こる理由」って、考えたことありますか？

たとえば、人気の遊園地がある。みんなそこに行きたいと思う。そして週末には遊園地に向かう人たちで、大渋滞が発生する。こう考えると、渋滞って数学というよりも心理学的な要素が強そうですよね？　水や空気と違って、人間

には意思があるんだから、数字だけでは語れない、と。

ただね、本当の「オリジナル」は、そうやってまわりの人があきらめた先にこそあるんです。まわりが「きっと無理だ」と決めつけた分野は、逆に大きなチャンス。

そして、みんなから「いいですね」「おもしろいですね」って簡単に受け入れられるものなんて、じつは大したものじゃない。本当に世の中をひっくり返すようなものは、最初は猛烈な反対を受け、逆風にさらされるものなんです。

僕は負けず嫌いだし、あきらめることが嫌いです。

でも、もしも数学的に「不可能」と証明されたら、それ以上やっちゃいけない。数学的に証明されたものは絶対真理だから。

逆にいうと、数学的に不可能だと証明されないかぎりは、とことん追究していかなきゃいけない。これも、僕が数学から学んだことですね。

だから僕は、学生たちに「ダメだとわかって3ヵ月」と言っています。

自分の立てた仮説をいろいろ試してみて、「もう無理だ」と思う。でも、本当の勝負はそこから。ダメだと思ったところから、あと3ヵ月粘《ねば》ってみる。八方塞《はっぽうふさ》がりの状況で、とてつもない絶望感の中、3ヵ月もがき苦しむんです。世界の研究者たちも、きっと同じところで壁にぶつかって、同じところであきらめているんだから。だったら、そこから3ヵ月粘ってみよう。苦しいかもしれないけれど、その先にしか新しい発見はないんです。

これは高校生のころからそうでした。難しい問題が出題されたとして、まわりのみんなはちょっと考えて、わからなかったら答えを見る。粘り強い人でも朝まで考えるくらいで、あとは答えを見る。

でも、僕は絶対に答えを見なかった。1日どころか1年以上考え続けた問題もあるくらいです。そして最終的に自分が導き出した答えと、予備校の模範解答を見比べて「自分の答えのほうがスマートでいいじゃん！」と喜ぶんです。

高校生のうちに答えを見る癖をつけると、大人になってもその悪癖が抜けません。

学校と違って、世の中すべての仕事には「模範解答」なんかありません。だけど学生時代の癖で、安易に答えを手に入れようとする。自分の頭で考えることをやめて、どこかに答えが転がっていないかと探し回る。考える前にインターネットで検索しちゃうとかね。

そんなことでは、いつまでたっても自分の力にならない。誰かに教えてもらった答えなんて、なんとなく「わかった気」になるだけで、その場かぎりで終わっちゃいます。5年、10年と使える力にはならないんです。

才能より「あきらめない力」で決まる!

僕が渋滞の研究を始めたとき、最初の数年はものすごく苦労しました。

1年365日のうち、うまくいくのは3日くらい。あとはすべてが挫折《ざせつ》と失敗のくり返し。何百枚と計算した紙も全部ゴミ箱行きです。徹底的に叩《たた》きのめされました。

研究者ってね、ただ「研究」してるだけでは認められないんです。わかりやすいレベルでいうと、お金も入ってこない。

とくに僕が「渋滞学」なんてワケのわからないことを言い始めたときには、まともな研究費も出ない。民間企業に進んだ東大時代の仲間はみんないい生活をしているのに、こっちはギリギリの生活ですよ。

たとえばどこかの学会に出席するにしても、交通費や宿泊費がない。だから格安の夜行バスで会場に向かって、一睡もしないまま発表して、質疑応答の途中で話しながら居眠りしちゃう。

僕ら研究者が「一人前」と評価される方法は、ただひとつ。

権威ある専門誌に論文を発表することです。

だから、とにかく論文を書きました。お風呂に入るのも月に一度。食事の時間さえもったいなかった。だけどうまくいかない。微熱が半年以上続いて体調はおかしくなるし、精神的にも不安定になるし、ボロボロですよ。

そしてある朝、牛乳を飲もうとしたら口元からボトボト牛乳がこぼれるんです。顔面の筋肉が麻痺《まひ》して、口が閉まらなくなった。そして、今度はまぶたも閉じなくなる。まるで手動シャッターみたいに、まぶたを手で開閉しなきゃいけないんですよ。

さすがに恐ろしくなって病院に行って精密検査を受けたけど、どこにも異常がない。つまり、すべては精神的ストレスによる症状。文字通り、命を削《けず》るような日々が1年半くらい続きました。


でも、僕は絶対にあきらめなかった。「この苦境を突破するには論文しかないんだ」と思って、人生を賭けましたね。

そうしないと、これまでの自分の努力に対して無責任だから。

ギブアップするのは簡単だし、ラクですよ。

でも、ここでギブアップしてしまったら、死ぬ思いでがんばってきた過去の自分に申し訳ない。自分の努力を裏切ることになってしまう。数学的に「不可能」と証明されないかぎりは、追い続けないといけない。

そして、あるときパッとひらめいた計算式を使った論文が『ロイヤル・ソサエティ・オブ・ロンドン』という、権威ある専門誌に掲載されました。これは後の渋滞学にもつながる論文で、ここからすべての道が開けていったんです。

きっと大きな仕事を成《な》し遂《と》げる人って、みんなこういう道を通るんだと思います。

そうなるとね、問題は能力とか才能とかじゃなくなる。

あきらめるか、あきらめないか。

最後まであきらめなかった人だけが、なにかを掴《つか》むことができるんです。

Panasonic

渋滞が起こる2つの理由

それでは、そろそろ渋滞学について簡単に説明していきましょう。

ひと口に「渋滞」といっても、人、クルマ、経済、会議、アリの行列など、いろいろな種類があるのですが、まずはわかりやすいところでクルマの渋滞から考えていきます。

たとえば、事故や工事のせいで渋滞するのなら、まあ理解できますよね。ところが、これといった事故や工事もないのに渋滞することがある。この理由って、じつはなかなか奥が深い問題なんですよ。

渋滞には、大きく2つの原因があります。

ひとつは「ボトルネック」というもの。道路でいうなら、3車線の広い道路が急に1車線に絞《しぼ》られたら、当然混雑するし渋滞しますよね。これは比較的わかりやすい渋滞で、流れを絞っている部分を取り除いてあげれば解消します。

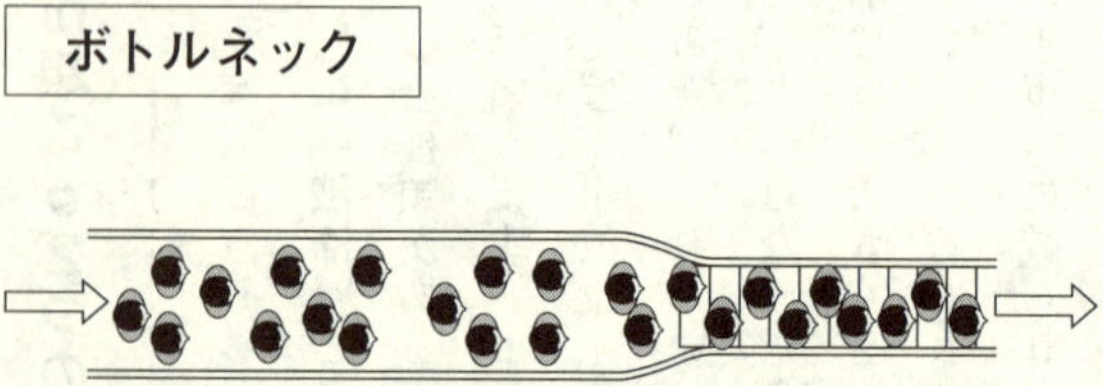

もうひとつの渋滞が難しくて、「自然渋滞」というタイプ。これはなにもないのに起こってしまう渋滞です。

たとえば、あなたが歩道をひとりで歩いていたとします。快適に、スイスイ歩けます。

でも、あなたの前後にたくさんの人が並んで歩いていたら、どうなります？

なんとなく歩きづらくなる。別に道路が狭《せま》くなってるわけではない。割り込んでくる人もいないし、先のほうで工事をやっているわけでもない。なのに、歩きづらい。

クルマも同じで、走るクルマの台数が増えていくだけで、渋滞が起こっちゃうんですよ。

クルマが増えて車間距離が狭くなる。するとなんとなく走りづらくなって、渋滞になるんです。

これまで渋滞というものは、「絞るから起こる」と思われてきました。要するにボトルネックを解消すればいいんだ、道路を広くすればいいんだ、という考えです。ところが、僕らの研究によって「絞らなくても起こる」ということが証明されて、その解消法もわかってきました。

もちろん、数学を使ってね。

「急がば回れ」を数学的に証明する

渋滞学のキーワードは「急がば回れ」です。

たとえば、Aさんが急ごうとクルマのスピードを上げたとしましょう。当然、前を走るクルマとの車間距離が狭くなる。後ろのクルマも車間距離を縮めてくる。

このとき、坂道などで前のクルマがスピードを落としたらどうなるか？

車間距離が狭いから、Aさんは慌《あわ》ててブレーキを踏むことになります。Aさんの後ろを走っていたクルマは、もっと強くブレーキを踏みます。その後ろのクルマも同じです。

こうやって、1台から始まったブレーキの波が雪崩《なだれ》のように後ろに流れていくのが、自然渋滞の典型的なメカニズムなんです。

ちなみに、数学的に導き出された車間距離の分岐点は40メートル。それより狭くなると、自然渋滞を生んでしまうことになります。

今度、お父さんのクルマの助手席に乗ってみるとわかると思うけど、この「40メートル」という車間距離はなかなか微妙な数字です。

どうしても、スピードを上げて走るほうが早く目的地に着けそうな気がする。ダイエットしている人が目の前に置かれたケーキを我慢できないのと同じ

自然渋滞発生メカニズム

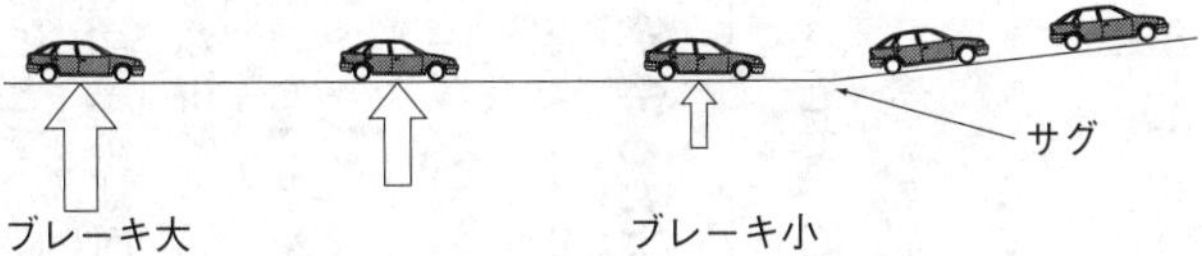

サグ部とは気がつかないほどのゆるい坂道で、後続車のブレーキは
後ろに行くほど大きくなり、自然渋滞が発生する

で、ドライバーは目の前に車間距離が広く空いてたら思わず詰めちゃうものなんです。

だけど、車間距離が狭くなると渋滞を招いて、結局みんなが遅くなってしまう。あえてゆっくりめのスピードで走って車間距離を広く空けることが、結果的に早く着くことにつながる。利己的に、自分のことだけを考えてはいけない。

僕は「利他《りた》」という言葉が好きです。利他というのは道徳的なお話じゃなくって、「合理的な利己主義」のことなんです。最初に自分が少しだけ損をして、少しだけ他者に与えることで、回り回って大きな利益が戻ってくる。

まさしく「急がば回れ」だし、「損して得取れ」ですよね。

先人たちの知恵って、改めてすごいなと思いましたよ。僕が最新の数学を駆《く》使《し》して証明したことを、こんなにわかりやすい言葉で説明してくれているんですからね。

電車は1本待ったほうが空いている?

もう少し身近で、明日からでも使える渋滞学を紹介しましょう。

僕は、エレベーターや電車を必ず1本待つことにしています。理由は、1本待つほうが空いてる確率が高くなるから。これは数学的に証明できる、賢く生きる知恵。

たとえば8階建てのデパートで、エレベーターが2基あったとしましょう。

人がたくさん待っていて、そして自分は8階のレストランに行きたいとします。

このとき僕は、最初に到着したエレベーターには乗らない。当然、いっしょに待っていたほかのお客さんは先に乗っていきますよね。そしてもう1基のエレベーターが1分後に到着する。こちらに乗るのは1分のあいだに並んだ人たちだけだから、さっきよりも人数が少ない。

すると、どうなるか。

先に出発したエレベーターは乗り込んだ人の数が多いから、たくさんの階に止まることになる。2階、3階、4階、ひょっとしたら全部の階に止まっているかもしれない。乗り降りには、ものすごく時間がかかる。

でも、僕が乗ったほうのエレベーターは人数が少ないし、先に出発したエレベーターがほかの階にいる客を乗せていってくれているおかげで、止まる回数も少ない。

その結果、前のエレベーターよりも先にレストランのフロアに着く確率が高くなる、というわけです。

同じく、電車も1本待ったほうがいいですね。ラッシュ時はとくにそうです。

満員電車って、乗客の乗り降りに時間がかかりますよね？　エレベーターのときと同じで、それぞれの駅でたくさんの乗客を乗り降りさせる。そのぶん、各駅での停車時間が長くなる。

次の駅で待っている人たちは、待ちぼうけを食らう。ホームに人がたまる。電車が混雑すればするほど、次の駅で待っている人たちの待ち時間は長くなるし、より混雑していくわけです。

この先はちょっと、頭を数学モードに切り換えてください。

落ち着いて考えれば、次のことが見えてくるはずです。

まず、自分がホームに着いたとき、次にやってくる電車は混雑している確率が高い。

なぜか？　電車が混雑するほど、次の駅での待ち時間が長くなって、そこに居合わせる確率が高くなるから。

こう考えてください。

ホームでの待ち時間には「長い待ち時間」と「短い待ち時間」があります。そこでパッと任意の一点を選んだとき（ホームに着いたとき）の自分は、「長い待ち時間」に居合わせる確率のほうが高いですよね？

そして先に見たように、待ち時間の長い電車はそれだけ混雑しています。

つまり、自分がなんとなくホームに着いたとき、次に電車がやってくるまでの待ち時間は長く、その電車は混雑している確率が高いということです。

さあ、本当におもしろいのはここから。頭の中で整理しながら聞いてくださいね。

見送った電車の「次」にやってくる電車はどうなっているか？

前の電車がグズグズしているわけだから、後ろの電車はかなり接近した状態で進んでくるはずです。クルマでいうと、車間距離を詰めた状態ですね。

ということは、前の電車からほとんど時間を空けずにやってくることになる。そのぶん、ホームにたまるお客さん、乗り込むお客さんも少なくなる。つまり、2本目の電車に乗ったほうが空いている確率が高い。

しかも、空いていれば空いているほど乗り降りに時間がかからない。前の電車との車間距離はさらに短くなる。ますます2本目が空いていくことになる。

もちろん、これは確率の話だから、1本待ったのに混雑していることもありますよ。

どうです、なかなかおもしろいでしょ？　このへんも、専門的な数式を使えばもっとシンプルに証明することができます。

いずれにせよ僕は毎朝、この方法を実践して、通勤時間を楽しんでいますよ。

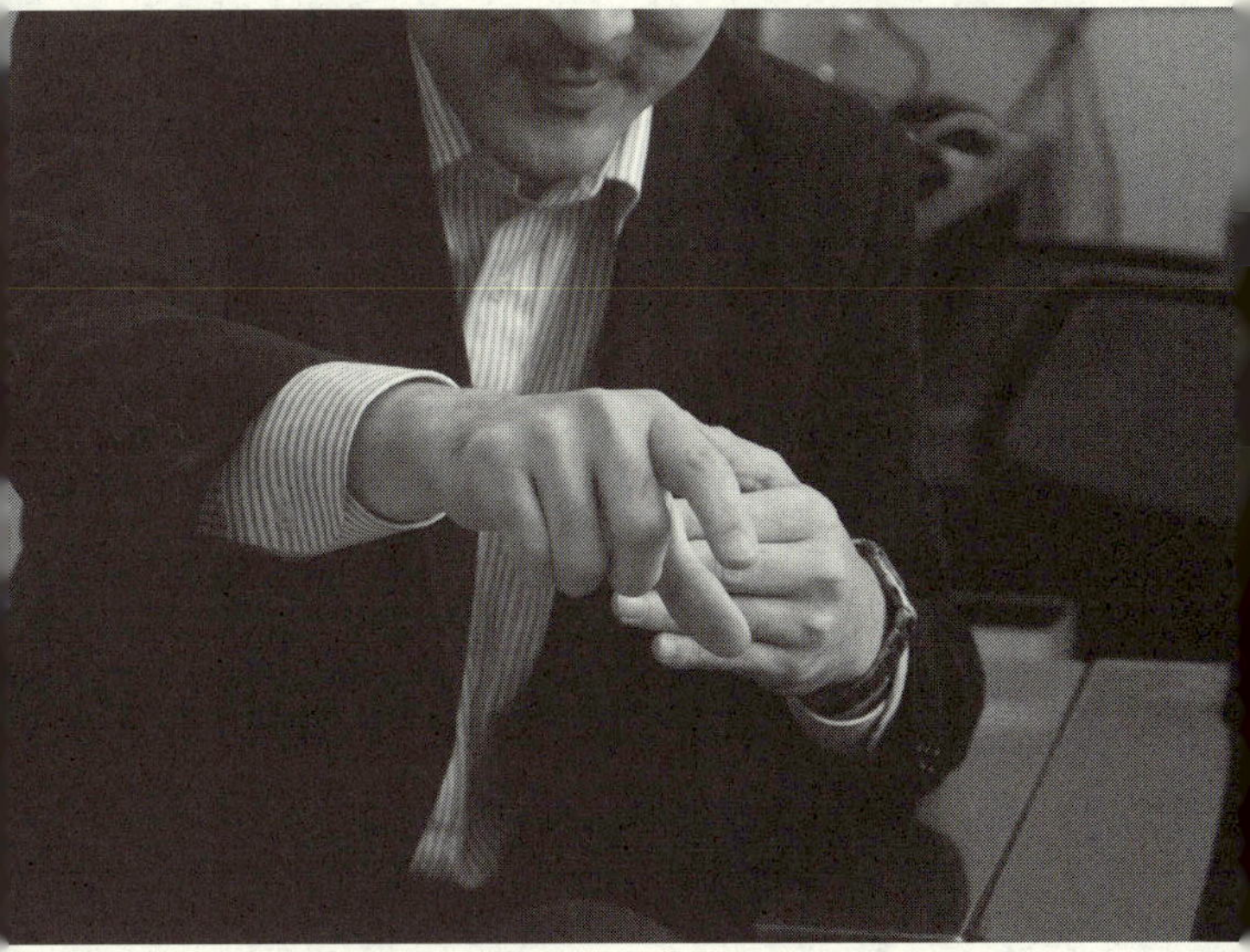

その「下り坂」には意味がある

渋滞学から見えてくる「急がば回れ」や「利他」の鉄則は、勉強や仕事など、人生のあらゆる場面にあてはまります。

僕はこれを、ちょっと数学っぽく「Jカーブ曲線」と呼んでいます。アルファベットの「J」を思い浮かべてください。

この曲線の左端からスタートすると、最初に小さな下り坂がありますよね。勉強でも仕事でも、最初にやってくるのはこの小さな下り坂です。つらい、苦しい、面倒くさい、いろいろある。でも、そこを乗り越えるとグーッと急上昇する。ものすごく大きなものを手にすることができる。逆にいうと、小さな下り坂を経験しないで急上昇することはありえない。

ところが、たいていの人は「J」の上下を逆さにしちゃうんです。ちょうどステッキみたいな、あるいは平仮名の「へ」みたいな感じ。最初にちょっとだけ盛り上がるんだけど、あとで急降下する。

たとえば、高校時代のいま、ゲームをやったらものすごく楽しい。今日のうちはカーブが上昇する。でも、それを5年、10年というスパンで考えたら、得るものなんてほとんどない。ぼんやりした思い出くらいは残るかもしれないけれど、それは自分の人生を切り拓く「力」とは呼べない。

一方、この高校時代に歯を食いしばって勉強するとします。いまは苦しい。遊べないし、つらいことのほうが多い。でも、5年、10年経ったとき、ここで勉強したことは大きな「力」となって自分の中に残る。

大切なのは長期的な視野を持つことです。

短期的に得したと思っても、長期的に見たら損をする。

短期的に損をしたと思っても、長期的に見ると得をしている。

ものごとはすべてJカーブだし、「急がば回れ」で「損して得取れ」なんです。

だからみんなも、勉強や部活が苦しいとき、なにかでギブアップしそうになったとき、頭の中に「J」の字を思い浮かべてほしい。

いま苦しいのは、「J曲線」全体で見たら小さな下り坂にすぎない。

そこを我慢できれば、その先に急上昇が待っている。逃げ出さず、あきらめなければ、どんな壁でも必ず突破できる。そして下り坂が大きければ大きいほど、あとでやってくる急上昇も大きなものになるんだ、とね。

西成活裕さんへ 5つの質問

Q どんなお子さんでしたか？

A ウソをつく大人とか、ズルをする大人が許せなかった。大人への不信感が、独学につながったのかもしれません。

Q 学生時代の得意科目と苦手科目は？

A 国語の現代文が得意でした。現代文って、結局「論理」の世界ですからね。苦手なのは暗記科目。僕からすると、電話帳を丸暗記するような感覚で、暗記する意味がわからない。古文なんて、センター試験では問題も見ずに全問「２」にマークをしたくらいですよ。

Q 好きな言葉と嫌いな言葉は？

A 好きな言葉はロマン・ロランの「失敗しなかった人は、なにもしなかった人である」。嫌いな言葉は、学生たちの言う「僕はバカだから」。そのひと言で自分をあきらめる人間は許せないですね。

Q 10代のころ、感銘を受けた本や映画は？

A 映画では宮崎駿監督の『風の谷のナウシカ』。本だと『ドン・キホーテ』（セルバンテス）や『竜馬がゆく』（司馬遼太郎）。ひとりの人間がここまで世界を動かせる、という物語が好きなんです。

Q 「大人になる」とは
どういうことだと思いますか？

A 自分で自分に責任が持てるようになること。たとえば、街で誰かとぶつかって、その人の持っていた壺を割っちゃった。このとき、親に弁償してもらう人は、たとえ40歳でも僕にとって「大人」じゃありません。

3時限目

シゴトも勉強も「恋愛」だ！

誰かのために生きることが、自分らしさにつながる

元ミスターGT-R

水野和敏

みずの・かずとし　1952年、長野県に生まれる。1972年、日産自動車入社。R32型スカイライン、初代プリメーラP10型車両パッケージ計画を担当。1989年にNISMOへ出向し、グループCレースのチーム監督に就任。国内外のレース活動・マシン設計を指揮。2000年からCVE（チーフ・ビークル・エンジニア）としてV35型スカイライン、ステージア、Z33型フェアレディZを担当。元日産GT-Rのプロジェクト&開発責任者。現在はLUXGENブランド車を手掛ける、台湾のHAITEC社上級副社長、日本のHAITEC Japan社代表取締役に就業中。

理系離れやエンジニア離れが叫ばれるようになって久しいが、最前線で活躍するエンジニアの生の声を聞いたことのある人は少ないのではないだろうか。そこで、日本が世界に誇るスーパーカー「GT-R」の開発責任者であった、水野和敏さんに登場していただいた。「エンジニアに必要なのは理性よりも感性」と語る彼の話を聞けば、エンジニアという仕事がいかにクリエイティブなものなのか容易に理解できるはずだ。

講義のキーワードは「恋愛」である。

龍山高校特進クラス担任　桜木建二

「落ちこぼれ」だった幸運

僕の名前は水野和敏。日産自動車で30年以上にわたってエンジニアをやってきました。「GT-R」というスポーツカーを知ってるかな？ 世界に誇る日本の匠《たくみ》の技術を結集してつくったスーパーカーです。名前くらいなら聞いたことのある人もいるかもしれないね。

僕はそのクルマの開発責任者でした。

ただ、ここでクルマの専門的な話、たとえばエンジンの構造の話をするつもりはありません。今日、僕がみんなといっしょに考えていきたいテーマは大きく2つあります。

まずひとつは、「仕事とはなにか。真のプロフェッショナルとは、どういうものなのか？」ということ。そしてもうひとつは、「自分という存在は、いったい何者なのか？」ということ。

NISSAN GT-R
写真提供：日産自動車株式会社

なんだか壮大なテーマだけれど、みんなくらいの年齢なら、しっかり考えておくべきことだと思う。別に難しい話じゃないし、これは勉強にも人生にもつながってくる重要な話だからね。

僕は、中学生以来、ずっと「自分ってなんだろう?」ということを考えていました。

ここにいる「水野和敏」という人間は何者なのか。なぜ、ここにいるのか。どうしてこの「水野和敏」は、「あの人」や「この人」ではなく、「水野和敏」なのか。どこに違いがあるのか。そんなことを毎日のように考えていました。

なぜかって?

答えは簡単。「優等生」じゃなかったから。

僕は、学校の中で間違いなく「悪い子」の部類に入っていたし、とても学級委員をやるようなタイプじゃなかった。もっと正直にいえば、学校が好きじゃなかった。

僕の学校嫌いは、かなり筋金入りです。

学校を嫌いになった最初のきっかけは、小学校の入学式。みんな体育館に集められて、お行儀《ぎょうぎ》よく並んで校長先生のだらだらした話を聞く。私語は厳禁で、身動きをとることも許されない。

もう、これが我慢できなかった。

教室に戻ってから、「なんでこんなことをさせるんだ。僕はこんな学校なんか入りたくない！」って大暴れして、勢いで教室の扉を壊《こわ》しちゃった。

当然、先生からは怒られるよね。そのまま引きずられるように職員室に連れて行かれて、廊下に立たされた。水がいっぱい入ったバケツを両手にぶら下げてね。

小学校の入学式でさえこんな調子なんだから、そりゃあ先生にとっては扱いにくい子どもだったと思うよ。

中学に進んでも、基本的には同じ。「勉強なんかやってられるか」と思ってた。入学してすぐのテストでは、３８０人中３７０番目。どう考えても落ちこぼれだよね。

ただ、もしも僕が学級委員タイプの優等生だったら、「自分ってなんだろう？」なんて面倒くさいことは考えたりしなかったと思う。

親や先生の言うことを守って、大人たちが作った枠《わく》からはみ出さないように、なにも考えず一直線に走るだけだったと思う。他人の敷《し》いたレールを走るだけなら、難しいことを考える必要なんてないからね。

だって、学校の先生の言うことをきちんと守るなんて簡単じゃん。授業中に黒板をそのまんまノートに取ってそれを記憶していく。全然自分のアタマは使わないよ。それが「優等生」だなんて、冗談じゃないよね。

それより、うまい言い訳を考えて学校をサボったり、授業中に先生の目を盗《ぬす》んで弁当を食べたり、教科書を無視しながらテストで点を稼《かせ》いだりするほうが何倍も難しいし、アタマを使う。先生の性格や行動パターンをしっかり頭に入れて、自分がどう動けばバレずに済むのか想定して、状況に応じてベストな決

断を下していく。

これって、ものすごい想像力や連想力が要求される行為だよ。

幸か不幸か、僕は大人たちから決まった枠を押しつけられるのが嫌いだった。大人たちが用意したレールなんか走りたくなかった。学校では落ちこぼれだった。

おかげで、大きな壁にぶつかることになる。

自分という存在について、自分がいかに生きていくかについて、自分のアタマで考えざるをえなくなった。大人たちがわざわざ用意してくれた答えに「NO!」と言っているんだから、当然だよね。

夜8時からの「自分の好きな勉強」

これまでの人生で、たくさんの人に出会ってきたけれど、現在の僕にいちばん大きな影響を与えているのは、やっぱり母親だと思う。

うちのお袋は苦労人で、実家の都合で子どものころから奉公《ほうこう》に出されていたんだ。つまり、お手伝いさんとしてよその家に働きに出されていた。もちろん、ちゃんと学校に行く余裕もなかったわけだ。

僕が小学校のときだったかな、お袋に「その当時、楽しいことはあった？」って聞いたことがある。

するとお袋は、「子守りの時間が楽しかった」と言うのね。「奉公先の赤ちゃんを背負《せお》って、自分の好きな本を読む時間、好きな勉強ができる時間がいちばん幸せだった」ってね。

小学校のころは、この言葉の意味がよくわからなかった。そもそも、奉公というのがどんなものなのかもわからないしね。でも、なぜかずっと頭の片隅に残っていた。「自分の好きな勉強ができる幸せ」という言葉が、宙ぶらりんのまま引っかかっていたんだ。

そして僕が中学2年生のとき、ちょっとした事件が起こる。

当時、学校の技術室には、実習用の教材として本物のオートバイが置いてあった。男の子は当然、みんな乗りたがる。給食の時間が終われば、みんな技術室まで猛ダッシュさ。われ先にと、オートバイの奪い合いが始まるんだ。

さて、そんなある日のこと。昼休みのチャイムが鳴って、いつものように教室から技術室までのオートバイ争奪レースが始まった。

このとき、僕は近道をしようとして中庭を走った。ところが、その日の中庭には雑巾《ぞうきん》を干すための針金が引いてあったんだ。

夢中で走っていた僕は、思いっきり針金にぶつかってしまった。反動で後ろにひっくり返って、大きな石に頭をぶつけて目の前が真っ暗になった。いまでも頭に大きな傷があるくらいだから、たぶん血もたくさん流れたと思う。

それで、3日間だったか5日間だったか、意識不明のまま寝込んでしまった。いまじゃ笑って話せるけれど、そのときは命に関わる深刻な状況だよ。

ようやく意識が戻ったとき、うっすら目を開けると枕元にお袋が座っていた。目に涙をいっぱいに溜めてね。僕の意識が戻ったのに気づくと、心配そうな顔がぱっと笑顔に変わった。

不思議なもんだよね。こうやって無事に「生還」したとき、なんとなくわかった気がしたんだ。お袋の言う「自分の好きな勉強ができる幸せ」という言葉の意味がね。

この日を境《さかい》に、僕は「自分の好きな勉強」を徹底的にやるようになる。塾になんか通うお金はないし、そもそも興味がない。完全な独学だよ。

家に帰ると1時間だけ仮眠をとって、夜の7時から晩ごはんを食べる。そして夜8時から朝4時までの8時間、じっと部屋にこもって勉強する。それから朝までもう一度寝て、寝ぼけた顔をして学校に行く。毎日がこのくり返し。

学校では相変わらず勉強しなかったよ。友達と遊んでばかりで、勉強の「べ」の字も見せない。それでも、気がつくと成績が学年で上から2番目になっていたんだ。

なぜ学校の勉強はおもしろくないか？

あれだけ学校が嫌いで、勉強も嫌いだった僕が、最後にたどり着いた結論は「勉強はおもしろい！」ということ。

学校での勉強はおもしろくないけど、家に帰ってからやる自分の勉強はおもしろくてたまらなかった。

僕にとって、夜8時から朝4時までの8時間は、自分だけの時間なんだ。誰にも邪魔されないし、誰からの指図《さしず》も受けない。自分が見つけた自分がやりたい教材で、自分のペースで、好きなだけ時間をかけて勉強する。教科なんか関係ない。国語も数学も英語も理科も、どれもおもしろかったし、その後の僕のベースとなる部分を作ってくれた。

みんなの中にも、「勉強なんておもしろくない」と思っている人は多いと思う。

じゃあ、どうして勉強がおもしろくないかわかる？

それはね、勉強の出発点が「先生」や「テスト」になっているからだよ。

先生が「これをやりなさい」「こうやって解きなさい」と押しつける。それをこなしていく勉強なんて、おもしろいはずがない。

でも、出発点を「自分」にすると、どんな勉強でもおもしろくなるんだ。

だって、自分のための勉強だから。自分の意思で、自分がやりたいことをやって、自分が知りたいことを知る。こうなれば、勉強というより遊びや冒険の延長だよね。

「先生に怒られるから勉強する」

「テストでいい点をとるために勉強する」

「受験のために勉強する」

もし、こんな気持ちで勉強に取り組んでいるとしたら、勉強なんか一生かか

ってもおもしろくならないよ。

教科書なんか無視していいんだ。たとえば数学ひとつとっても、教科書よりおもしろい教材はいっぱいある。その教材を使って、自分のペースで勉強していけばいい。二次関数でも図形問題でも、自分が納得できるまでやればいい。

ただし忘れちゃいけないのが、出発点は「自分」だってこと。

勉強するのは先生に怒られるからじゃない。親のためでもない。受験のためですらない。自分の好奇心を満たして、自分を高めていくために勉強するんだ。

そうやって「自分の好きな勉強」を徹底的にやっていくと、おもしろい発見が待っている。世の中でいわれている「5教科」なんて存在しないってことに気がつくんだ。

僕に言わせれば、あんなの教える側の都合で作られた枠組みでしかない。どんな学問も「なぜ？」という素朴な疑問を追いかけるという意味では同じだし、根っこの部分ではつながっているものなんだよ。

きみの学校にも「恩師」は必ずいる

一応断っておくと、学校嫌いの僕にだって恩師と呼べる大好きな先生がいた。実際、クルマを好きになるきっかけを作ってくれたのも、その恩師なんだ。

中学のとき、ご実家がリンゴ農家をやっている先生がいて、収穫期になると毎年お手伝いに行っていたんだ。

僕の楽しみは、私有地の中で三輪トラックを運転させてもらうこと。運転だけでなく、エンジンまわりもいじらせてもらってね。あまり夢中になるものだから、中学を卒業するころには簡単な整備は全部任せてもらうようになっていた。

その先生とは、いまでも連絡を取っているよ。学校ではものすごくまじめな先生なんだけど、リンゴ農園で会うときには大らかな人でさ。僕が農園の中で三輪トラックを運転していると、「そのまま町をひとっ走りして、みんなにあいさつしてこいよ！」なんて言っちゃうような人。そんな先生、好きになっちゃうよね。

みんなも好きな先生、嫌いな先生、いろいろいると思う。

ただ、先生たちが〝2つの顔〟を持っているということは頭に入れておいたほうがいい。教壇に立ってるときは「教師」として振る舞うけれど、一歩教壇から降りて家に帰ったら、まったく別の顔で生活しているんだよ。

だから、先生のことを教壇に立っている姿だけで判断するのはもったいない。そりゃそうだよ。教壇の先生なんか、これっぽっちもおもしろくないもん。「教師」というお面を被《かぶ》って、決まりきった教科書を使って教えているんだからね。

そうじゃなくって、教壇から降りた素顔の先生を知って、そっちの顔を見ていくようにしよう。そうすれば卒業してからもずっと関係の続くような、本当の「恩師」にきっと出会えると思う。

学校の先生だってね、本当は教科書なんかで、型どおりの授業なんかやりたくないんだよ。生活指導なんかもしたくない。もっと、みんなと本音で触れ合いたいと思っている。子どもが好きで、教育が好きだから学校の先生になったんだから。

クルマが嫌いだったらエンジニアにならない。

野球が嫌いだったらプロ野球選手にはならない。

それと同じで、子どもが嫌いだったら学校の先生にはならないよ。

ただ、教壇に立てば教科書を使わざるをえないし、みんなを大学に進学させたり、希望の仕事に就《つ》かせたりしないといけない。

そういう事情も察しながら、先生の素顔を知ろうとする努力は大切じゃないかな。

「やりかた」よりも大事なこと

僕はクルマの仕事を始めてから、技術者の書いたマニュアルというものを一度も読んだことがありません。本当に、1ページも読んだことがない。だって、おもしろくないし、役に立たないから。

これは学校の勉強も同じだけど、専門家の書いたマニュアルって「方法論」、わかりやすくいえば「やりかたの説明書」なんだよ。

ああしなさい、こうしなさい、そうすればこうなります。書かれてあるのはそれだけ。つまんないよね？

やりかたの習得なんて、コンピュータやロボットに任せておけばいい。どんなに正しいやりかたを学んでも、新しいものを生み出すことはできないよ。

ひょっとすると、「エンジニアなんてみんなマニュアル人間で、理性や論理ばかりで生きている」と思っている人も多いのかもしれない。

でも理性って、ときには邪魔になるものなんだよ。たとえば、動物に理性はない。動物たちは本能で生きている。そして人間にだけ、理性がある。

なぜ、人間だけが理性を持ったのか？

答えは「本能のまま放っておいたら、とんでもないことをやっちゃうから」。

つまり、理性の原点は「禁止と管理のルール」なんだよ。社会的ルールを守るためのコントロール機能のことを人は理性と呼ぶんだ。身近なところでいうと、道端でおしっこしちゃダメだとか、他人のものを盗んじゃダメだとか、公共の場では騒がない、とかね。

その意味で僕は、「理性こそ人間らしさの証《あかし》だ」という考えは本質的に間違っていると思う。どうして、欲望を抑えて管理するのが人間らしさの証なの？

僕が考える人間らしさは「感性」。

想像力をもって他者と触れ合い、キャッチボールしていく力、感じる力、気づく力。それこそが人間らしさの証じゃないのかな。

理性とか論理性とか計算とかに頼っているエンジニアはまだまだ二流だよ。プロとして、やってるレベルがあまりに低すぎる。

誰かの真似をして、二番煎《せん》じのものを作るんだったら、理性だけでやっていけるよ。そこでは知識と情報の「量」でものごとが決まるだろう。

でも、誰もやったことのないものを作ろうと思ったら、なによりも感性と想像力だよ。どんなにたくさんの知識があっても、感性がなかったら新しいものは作れない。

でもね、いまの学校に「感性」の教育を期待しちゃいけない。これは別に、先生たちのせいじゃなくって、制度そのものがおかしいんだ。

普通に考えて、1人の先生が40人の生徒を相手にするなんて無理だよね。みんなだって、40人を相手にコミュニケーションをとるなんてできないでしょ？そんな難しい条件があるから、学校の先生たちも「管理」の方向に行くしかなくなる。ひとまず感性のほうは脇に置いて、理性的であることを奨励《しょうれい》して、できるだけ管理しやすい子どもに育てようとする。

じゃあ、どうすればいいか？

自分でやるんだよ！

野球でもサッカーでも絵でも音楽でも、もちろん数学や国語でもいい。なんでもいいから、好きなものを見つけたら、照れたりしないでとことん惚《ほ》れ込んで、のめり込んでいくことさ。そうすれば想像力は勝手に鍛《きた》えられるし、感性も豊かになっていくよ。

感動と「本気」が感性を引き出す

僕は会社の中でプロジェクトチームを率《ひき》いる立場にいます。そうすると当然、部下たちを指導していくことも求められる。

部下の中には「やりかた論」だけで育ってきた優等生も大勢います。

彼らは、大人になってからも上司に言われたことだけをやろうとする。それを当たり前だと思って、自分を囲《かこ》い込んでいる枠の中から一歩も出てこようとしない。枠から出るという発想すら持たない。

考えることといえば、「過去の傾向」とか「他社の傾向」ばかりで、新しいものを生み出すことができない。「改良」はできても、「創造」ができない。

そして「誰々がこう言ったから」とか、「会議でそう決まったから」とか、「設計基準がこうなってるから」とか、自分の外の話ばかりしている。

こんなの「じゃあ、あなたの存在はなんなの？」って話だよ。

僕が「まわりの話はどうでもいい。あなたはなにがしたいの？」と聞くと、なにも答えられない。これは部下を率いるうえで、僕にとって大きな壁になっている問題です。

でもね、これは才能とか能力の問題じゃない。本来は、誰だってすばらしい感性や想像力を持っているんだ。問題は、どうすれば彼らの感性を引き出してあげることができるか。

僕は第一に「感動体験」だと思う。

感動を体験させてあげること。

自分たちはこんなにすばらしいものを作ったんだ、こんなに喜ばれることをやったんだ、苦しかったけどやればできるんだ、という感動体験。これがあれば、ノルマでしかなかった仕事が、確実に変わっていく。

でも、感動だけでは足りない。

やっぱり「本気」で叱《しか》ることも大切なんだ。なにかに対して本気で、全身全霊で叱ってあげること、これはその人の感性を刺激する行為だと僕は思ってる。

意味もなくケチをつけるのではなく、自分の「本気」を伝える行為。そして、人は本気で叱ってくれるから、その相手のことを信じることができるわけでしょ。理性だけでは人は動かない。本気の感情も必要なんだ。

親の強さはそこだよね。

親は本気で叱ってくれる。

涙を流して叱ってくれる。

学校の先生じゃこうはいかないよ。かけがえのない大事な子どもだから、本気で叱ってくれるんだよ。

みんな、涙を流して誰かを叱ったことなんかある？　本気で相手を思う気持ちがないと、そんなことはできないよね。親というのは、それをやってくれる、もしかしたら世界でただひとりの存在なんだ。

アマチュアとプロ、そして超一流のプロ

なにかの仕事に就くというのは、その道のプロになるということだよね。

プロとアマチュアの違いってどこにあると思う?

僕の答えは簡単だよ。出発点が「自分のため」なのか「相手のため」なのかの違いさ。

たとえば、草野球は自分の満足のためにやるもの。

でも、本物のプロ野球選手は、球場に来てくれるお客さんを満足させるために野球をやる。一般のお客さんが考えもしないようなプレーを、平然とした顔でやってのける。お客さんは興奮し、感動する。そんなお客さんの感動の中に、プロ野球選手としての「自分」が生まれる。

だから、みんなも本物のプロになってほしい。別に野球選手やミュージシャンにかぎった話じゃない。公務員でもお店の販売員でも営業マンでも、なんで

もいいからその分野で本物とされるプロになってほしい。お客さんに感動を与えられるような存在になって、仕事を通じて「自分」を発見してほしい。

そしてできれば、もう一歩踏み込んで「どのレベルのプロになるか?」というところまで考えるんだ。

やりかたを習って、覚えて、二番煎じのものを作って、常識の範囲の中で生きる。

このレベルのプロだったら、理性と知識でやっていけるよ。勉強や努力、経験でどうにかなる世界。

ところが、世の中にはもっとすごいプロがいる。

たとえば、超一流の料理人。彼らは朝の市場に行って、材料を見ただけで8時間後にそれを食べるお客さんの姿がイメージできる。

季節も天候も全部ひっくるめて、どんな気持ちで、どんな順番で食べるか瞬時に理解できる。味見をしなくても、素材を見るだけでその味がわかる。

味見しないとわからない料理人なんて、プロとしては二流だよ。市場に行って、食材をひと目見たときに料理のすべてが終わっている。あとは自分が見たゴールに向かって手を動かすだけ。つまり「アタマで見る」ことができるのが、一流の料理人なんだ。

ここまで行くと、「神業《かみわざ》」のレベルになれる。

神業レベルに到達するには、勉強や努力だけじゃ足りない。かといって、生まれついての才能という話でもない。

超一流のプロになるには、努力の向こうにある「鍛錬《たんれん》」が必要なんだ。

僕の言う「鍛錬」とは、カラダの感覚とアタマの感性・想像力が一致するところまで、自らを鍛え抜いていくこと。

信じてもらえるかどうかは別にして、僕は新しいクルマをひらめいたとき、アタマの中でネジの1本まで見えるし、もうクルマが道を走っている。ただ、自分のアタマの中を他人に見せることはできないから、図面や数字で証明して、誰が見てもわかる形に整えて見せているだけでね。

サーキット場でも同じ。ピットにいながらにして、いまドライバーがどこを走って、どんなことに苦労しているのか、すべてが「見える」。アタマの中で見えちゃう。これは才能ではなく、鍛錬のおかげなんだ。クルマの運転だって日々訓練・鍛錬してるしね。

鍛錬のレベルまで自分を持っていけば、超一流のプロになれる。それを努力のレベルで終わらせていたら、人並みのプロ。努力さえもしないのなら、アマチュアのまま終わり。

厳しいことを言うようだけど、これは真理だよ。

「モノ」の時代から「価値」の時代へ

意外かもしれないけれど、僕は「モノづくり」って言葉が大っ嫌いなんだ。冗談じゃない、僕らが作ってるのは「モノ」なんかじゃない、と大声で言いたいね。

たとえば、僕の開発したGT－Rというクルマ。

これは2008年にドイツのニュルブルクリンクという世界でいちばん過酷なサーキットで、当時の量産市販車の世界最速タイムを記録した、まったく新しいタイプのスーパーカーです。サーキットでも、高速道路でも、一般道路でも、雪の降った道路でも充分に能力を発揮《はっき》できる、世界で唯一の「マルチパフォーマンス・スーパーカー」だと自負《じふ》しています。

でも、このGT－Rを買ってくれたお客様に「乗り心地がいい」とか「スピードが速い」とかいうレベルの感動しか与えられないのなら、開発者としての僕は二流だと思う。

僕の目標とするところは、「このGT－Rを買った『自分』はすばらしい」とお客様に感動していただくこと。クルマに感動するんじゃなくて、GT－Rというクルマを選んだ自分に感動してもらいたいんだ。

「自分は海外のスーパーカーではなく、あえて日産のGT－Rを選んだ。その自分の目は間違っていなかったし、そんな自分が誇《ほこ》らしい！」

そう思ってもらうことができたとき、初めて超一流のプロフェッショナルの仕事だったと胸を張れる、そういうものじゃないかな。

つまり僕は、モノを作っているんじゃなくって、お客様の「感動」を作り、「価値」を作っていきたいんだ。

一流の職人が作った家具は、100年経っても色褪《いろあ》せない。ダイヤモンドの輝きは、100年経っても色褪せない。時計だってなんだって、一流の職人が精魂込めて作ったものはみんな同じ。

価値ってね、別に値段のことじゃないんだよ。値段が高ければ価値があるというわけじゃない。本当の価値というのは「時間に左右されないもの」のこと。

ヨーロッパの人たちはそのへんに気づいてきている。アメリカはまだ消耗品の文化、大量消費文化から脱却できていない。戦後、アメリカを追いかけてきた日本もそう。

身近な例を挙げるなら、紙コップに入ったコーヒー。僕にはあれが許せない。

どうして、わざわざ木を伐採《ばっさい》して、紙のコップなんかを作る必要があるの？

コーヒーなら、陶器のカップで飲めばいいじゃない。

そうすれば何度も使えるし、飲んでいて気持ちがいい。デザイン、手触り、重さや厚み、色や模様、すべてを味わえる。職人さんの気持ちが伝わってくるし、感性が刺激されるよね。

使い捨ての紙コップに喜びはないよ。

喉《のど》が渇《かわ》いた。

コーヒーを飲んだ。

終わったコップはゴミ箱行き。

以上、おしまい。

これじゃ、感性なんか育たない。どんなにいいコーヒーもまずくなると思うな。

僕の考える21世紀のクルマ

僕はこれからの商品は、２つの方向に分かれていくと思っている。

ひとつは、リーズナブルな「価格」を求めていく方向性。使い捨ての紙コップみたいな、より安価な消耗品としての商品を求める方向だね。

そしてもうひとつは、「価値」を求めていくもの。消耗品ではなく、恒久的《こうきゅうてき》な商品を求める方向性。一流の職人が作る家具や時計なんかはこの典型的なものだろう。

さあ、それで自動車はどっちに分類されるんだろう？

価格を求めるべきなのか、それとも価値を求めていくべきなのか。

じつはこれって、環境問題にもつながってくる話なんだ。

いま、世界の自動車メーカーには「環境」というキーワードが突きつけられている。でも、たとえば電気自動車やハイブリッドカーが環境問題を解決する〝答え〟なのかというと、僕はそれだけではないと思う。

本当のエコロジーって「価格から価値への転換」なんだ。消耗品から恒久品への転換。燃費も大事だけど、もっと大きな文化レベルの問題。

たとえば、究極のエコロジーは馬だよね。

環境に負荷をかけることもなく、排気ガスも出さない。糞《ふん》は肥料としてリサイクルできる。交通手段が馬しかなかった時代だって、人間はしっかり生きていた。だから、なんの問題もない。

でも、もっとラクをしたい、時間を短縮したいという人間の欲望を満たすため、自動車や飛行機が生まれた。人間をサポートするための補助手段としてね。

そして現在、「これからはエコロジーだ」と叫んでいる。

たしかに環境問題は大切だよ。でも、僕がおかしいと思うのは、みんなが環境問題をなにか別のテクノロジーで解決できると思っているところなんだ。

テクノロジーは、あくまでも補助手段にすぎない。なにかを補うために、技術があるんだ。技術が先行しちゃったら本質を見失うよ。環境に負荷をかけたくないのなら、手段は別になんでもいいんだよ。電気自動車でもハイブリッドカーでも、もちろんガソリン車やディーゼル車でも、なんでもいい。テクノロジーに目を奪われて、本質を見失わないことさ。

もう少し具体的な話をしようか。

たとえば150万円の小型車を作って、5〜6年で乗り換える。いまのクルマって、基本的に6年経てば査定（価値）がゼロになるようになっている。ある意味、クルマは消耗品のように考えられているんだ。

一方、価格は200万円だけど、査定ゼロになるまでの期間が10年に延びるクルマを作る。そうすれば、経済的にもお得だし、より上質なクルマを提供することができる。乗る喜び、所有する喜びも大きくなる。

当然、そうなると車の生産・販売台数は減ってしまうだろう。でも、販売価格が上がる分、メーカーの利益は確保できる。

さあ、真のエコロジーを考えるヒントは、ここにある。

車の生産・販売台数が減ると、当然工場から排出される二酸化炭素も減ることになる。鉄、アルミ、ゴムなどの天然資源を使う量も少なくなる。工場そのものが減る。

閉鎖された工場にいた技術者たちは、技術指導員として販売店などに出向く。買ってくれたお客様が安心して10年乗れるよう、メンテナンスに力を注《そそ》ぐ。

あるいは、中国やインドに出向いて、現地でのメンテナンス技術向上のための指導にあたる。そうして世界的に「長く乗れるクルマ」の普及に努めていく。世界中の工場から排出される二酸化炭素が減って、天然資源のムダ遣《づか》いも世界規模で減っていく。

どうだろう、こっちのほうがずっと本質的なエコロジーだと思わない？

もう大量生産・大量消費の時代は終わったんだ。消耗品をたくさん持っていることが豊かさの象徴だった時代は終わり。

これからは「価格」から「価値」の時代になる。電気自動車とかハイブリッドカーとかというテクノロジーは、そうした大きな時代の変化から見れば枝葉《えだは》の話だよ。

「理系離れ」「エンジニア離れ」の正体

僕は、自分が技術者だという意識をあまり持ってないんだ。

もちろん、エンジニアにとって技術は大事だよ。でも、プロだったら技術なんてあって当たり前。話は〝その先〟になにを持っているかだよね。

だから僕は、自分のことをプロデューサーだと思ってる。僕だけでなく、すべてのエンジニアがプロデューサー思考を持つべきだと思っている。

いま、「理系離れ」とか「エンジニア離れ」とか、いろいろいわれている。

その原因のひとつには、エンジニアという仕事のおもしろさが十分に伝えられていないことがあるのかもしれない。

僕は、中学を卒業した後、高専（工業高等専門学校）に進んだ。

理由は、高専の充実した設備。

当時は日本全体にエンジニアをはじめとする技術者を育てようという気運があって、全国にたくさんの高専が作られたんだ。国からの補助金は、大学への補助金の倍以上だった。それだけ環境も設備も整っていたというわけ。

高専に入った僕は、自分で自動車部を作って、鋳物《いもの》を作ったり、板金《ばんきん》したり、溶接《ようせつ》したり、自分の考えを形にすることに夢中になった。

この「自分で考えたことを形にする」というのが大切なんだよ。

自分の考えをどれだけ言葉を尽くしてしゃべったところで、たいていの人は「あ、そう」で終わりなんだよね。

立派な文学者は違うんだろうけど、言葉なんてほとんど一瞬で消えてしまう風のようなもの。なかなか言葉だけで相手を動かすことはできない。

でも、自分の考えをなんらかの形にして、目で見て、手で触れられるものにしていくと、相手は納得するし、喜んでくれる。

そしてなにより、自分の作ったクルマなら後々までずっと残る。目に見えるし、手で触れられるから、イメージ通りに完成したときの達成感も大きい。しかもこれが製品であれば、たくさんの人に使ってもらって、たくさんの笑顔を作り出していくことまでできる。

クルマにかぎらず「エンジニアの喜び」って、ここにあるんじゃないかな。決まりきったモノを大量生産するのは、ロボットの仕事。エンジニアの仕事はそんなものじゃない。もっとクリエイティブで、ほかのなによりも感性が求められる。それがエンジニアという仕事さ。

それをわかってもらえたら、僕としてはもう十分だね。

「自分らしさ」はどこにある？

さて、冒頭で「今日は『自分という存在は、いったい何者なのか？』というテーマを考えたい」という話をしました。

きっとみんなは、いま、「自分はなんのために生まれて、なんのために生きていくんだろう？」とか「自分らしさってなんだろう？」といった疑問を抱いていると思う。

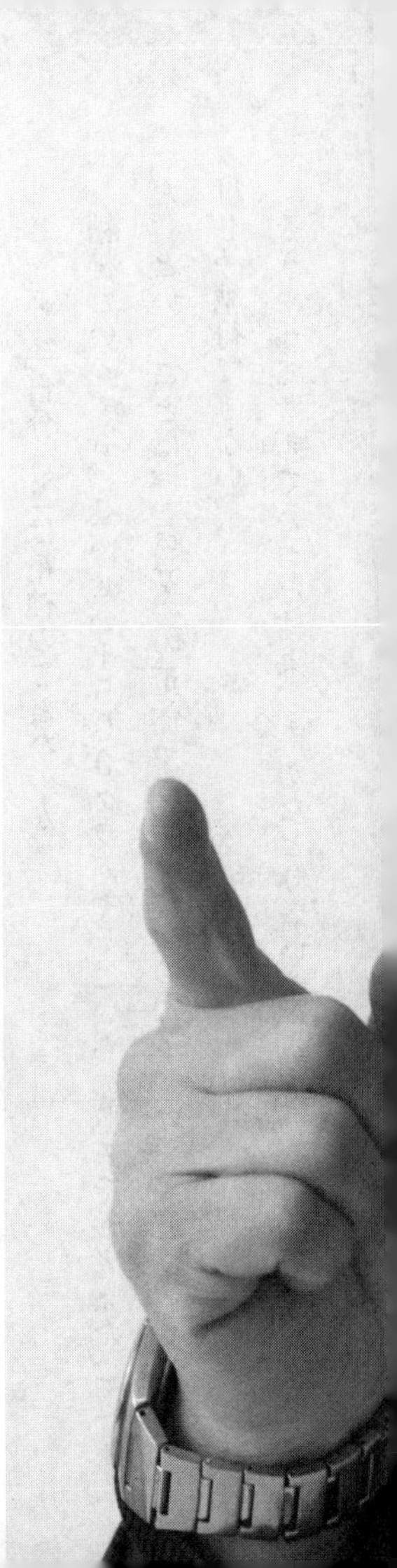

僕も考えた。学校に背を向けて自分の好きな勉強を始めたときから、徹底的に考え抜いてきた。

たとえば、ここに水野和敏という人間がいる。ほかの誰でもない「自分」がいる。

僕が「自分」と呼んでいるこの「自分」ってやつは、肉体のことなんだろうか、それとも精神のことなんだろうか……？

鏡の前に立ってみる。そこに映る男は、まあ映画スターやモデルになるような顔じゃない。身長も体重も人並みだ。この肉体に「自分」を見つけるのは難しそうだ。年をとれば皺《しわ》だらけになるし、死んだら消えてしまう。

じゃあ、「自分」とは精神のことなのか。

精神といっても、せいぜい1500グラムやそこいらの脳みそが考えたことだ。ということは、「自分」の正体って脳みそなのか？　いや、違う。それだけじゃ納得できない。

そうやって考えていった結果、僕がたどり着いた結論は、「自分ひとりでは

『自分』なんて存在しえない」ということだった。

極端な話をしよう。

もし無人島にひとりぼっちだったとして、「自分」を意識すると思う? 「自分は何者なんだろう」とか、「自分らしさってなんだろう」とか、考えると思う?

僕は、そんなことはありえないと思う。朝起きて、腹が減ったからメシを食って、眠くなったから寝て、それだけの話だよ。別に「ほかの誰でもない自分」である必要なんかないんだからね。

結局、自分らしさというのは、「人に映る自分の姿」のことなんだ。

よく「自分探し」っていうよね。

でも、ひとりで考えても「自分」を見つけることなんてできやしない。自分を見て、自分を見つけてくれるのは、他者なんだから。

まだピンときてないよね。じゃあ、いちばんわかりやすい例を紹介しよう。

「恋愛」だよ。

みんなを悩ませ、これ以上ない喜びを与え、ときに一生の終わりのような絶望を教えてくれる恋愛。人は恋愛しているとき、「自分」そのものに出会うことになるんだ。

恋愛を通じて自分を発見する

たとえば朝、カーテンを開けると空は晴れている。でも、天気予報では「午後から雨が降る」と言っている。このとき、恋愛してる男の子はなにを考えるか。

好きな女の子のことを考えるんだよ。

「彼女はちゃんと天気予報を観たかな」

「荷物が増えるのを嫌がって、傘《かさ》を持たずに家を出るんじゃないかな」

「だったら友達と遊ぶのをやめて、駅まで迎えに行って、傘を渡してあげようかな」

これって、すごい想像力と連想力だと思わない？　しかも、自分の利益なんか全然考えない。むしろ、冷静に考えたらデメリットのほうが多いくらいだ。友達とも遊べなくなるし、雨の中ひたすら待つわけだからね。

でも、改札口を出てきた彼女がニコッと微笑《ほほえ》んでくれる。差し出した傘に感謝してくれる。「ありがとう」と言ってくれる。

ここで初めて、きみがきみであることの意味が生まれるんだ。きみが生きてきた理由も、きみがここにいる理由も、きみが「あの人」や「この人」でない理由も、すべては彼女の中に生まれる。

自分らしさが「人に映る自分の姿」だというのは、そういうこと。

だから僕は、本当の恋愛って「自分」を忘れて、好きな人のために尽くして尽くして尽くしまくることだと思う。求めることじゃなくって、自分を「無」

にして与え続けること。そうやって与え続けていったとき、相手は気づくんだ。

「ああ、この人は世界にたったひとりの大事な人なんだ」ってね。気障《きざ》な言い方をするなら、そこに「愛」が生まれるわけだ。


カッコイイとかカワイイとかで終わっているうちは、本当の恋愛じゃない。そして、相手になにかを求めるうちは恋愛じゃない。

「もっと僕を見て！」

「もっとわたしを愛して！」

「ありのままの僕を好きになって！」

これは恋愛じゃなくって、ストーカーの心理。一方的に求めているだけだもん。


立ち位置も違えば、見ている景色も違う。ここは間違えないでほしいな。

与える喜びを知ろう

僕が「与える」というキーワードを重視してる理由は、もうひとつある。

じつは、求めるってすごく苦しいことなんだよ。

手に入れてもすぐ飽《あ》きる。そしてまた、別のなにかがほしくなる。そのくり返しで、いつまでも満たされないまま、永遠に求め続けることになる。

でも、与えることはすごく楽しい。相手から感謝されて、自分の存在を認めてもらえて、素敵な笑顔や言葉までもらえる。

僕自身の経験から断言できることだけど、一生覚えている言葉、心に残る誰かの言葉って、じつはすべてが「感謝」の言葉なんだよ。

誰かに「ありがとう」と喜ばれたり、「よくやった」と褒《ほ》められたり。まず自分が動いて、なにかを与えた結果、返してもらう感謝の言葉。それだけがいつまでも胸に残るし、自分を動かす原動力になるんだ。

仕事だって同じさ。

まずは自分を「無」にして与え続ける。するとお客さんが、僕のことを「世界にたったひとりの大事な人」と認め、感謝してくれる。世の中の人から「水野和敏」という存在を認めてもらえる。僕がこの仕事を続ける意味が生まれる。誰かのために生きていった先に、自分らしさが生まれるんだ。

動物は恋愛しないよね。恋愛できるのは人間だけ。恋愛って、ものすごい能力なんだよ。そんなすばらしい能力をみんな持っているし、しかも恋愛が大好き。じゃあ、その力を仕事や勉強にも使おうよ。

これも断言して構わないけど、一流といわれるようなプロフェッショナルの人たちは、みんな自分の仕事に恋してる。どっぷり恋愛関係に落ちている。おかげでどんな苦労も厭《いと》わないし、誰にもできないようなことができちゃう。努力を超えた「鍛錬」の領域に突入できる。

だから僕は、若い部下たちに「仕事に恋愛しろ。仕事に恋すれば最高の自分が発揮できるぞ！」と言っているんだ。

これから、きみたちが自分の進む道を考えるときも「与える喜び」を意識してほしい。

きっとみんな、「自分に合っている仕事」を探そうとしているんじゃないかな？　自分の希望をすべて満たすような、自分らしい仕事を。でも、それってストーカーの心理でしかないよ。

求めるんじゃなくって、自分から「与えよう！」と思ってものごとに取り組んでいけば、自分の居場所なんて簡単に見つかるさ。

自分が楽しみたいだけだったら、お金を払えばいい。お金を払って、その場だけ楽しんで終わる。これは趣味であって、アマチュアとしてやること。

趣味として自分の快楽を求めてばっかりだったら、そこに「自分らしさ」は出てこないし、そもそも「自分らしさ」のないプロなんかありえないよね。

仕事も、勉強も、人間関係も、誰かのために生きる過程の中で「自分らしさ」が生まれる。人生はすべて恋愛なんだ。

さあ、これで投げるべきボールは全部投げたつもりだ。そのボールをどうキャッチして、どう投げ返すかは、きみ自身にじっくり考えてもらいたい。与える喜びを知ったきみが、これからどんな恋愛をして、どんな「自分らしさ」を発見するのか。考えただけでもワクワクするね。

水野和敏さんへ 5つの質問

Q どんなお子さんでしたか？

A 強いヤツが弱いヤツをいじめるのが大嫌いだった。身体が大きいとか、家がお金持ちだとか、そんなヤツが誰かをいじめてると、すぐに飛びかかって大喧嘩していた。

Q 学生時代の得意科目と苦手科目は？

A 得意なのは、夜中に自分でやる勉強。苦手なのは、学校でみんなといっしょにやらされる勉強。

Q 好きな言葉と嫌いな言葉は？

A いちばん好きで、同時にいちばん嫌いな言葉は「忍耐」。流した汗の数だけ、人は喜んでくれる。耐えた数だけ、いいものができる。耐え忍ぶのは苦しいよ。でも、汗もかかずに人を喜ばせるなんてできないんだ。

Q 10代のころ、感銘を受けた本や映画は？

A 僕は映画、とくにラブストーリーが大好きでね。ハリウッドに行くと、いまでも胸がワクワクするよ。『プリティ・ウーマン』のラストシーンに出てくるアパートにも行ったな。映画で観た場所には必ず行きたくなっちゃうんだ。

Q 「大人になる」とはどういうことだと思いますか？

A 人の気持ちを汲んで生きられるのが大人。自分のわがままを通そうとするだけでは子ども。どんなに知識やお金や権力があっても、それだけでは大人と呼べないんだよ。

取材協力：日産自動車株式会社　http://www.nissan.co.jp/

4時限目

平凡な自分をどう受けとめるか

映画も人生も「ひとり」では完成しない

新進気鋭の映画監督

李相日

リ・サンイル　1974年、新潟県出身。日本映画界でいま、最も注目されている若手監督。大学卒業後、日本映画学校（現・日本映画大学）に入学。卒業制作作品『青～chong～』でぴあフィルムフェスティバルのグランプリを含む4部門を独占受賞。『69 sixty nine』（2004年）、『スクラップ・ヘブン』（2005年）、『フラガール』（2006年）の監督を務める。『フラガール』は、日本アカデミー賞をはじめとするあまたの映画賞で、作品賞、監督賞など最優秀賞を総なめにする。2006年度芸術選奨文部科学大臣新人賞受賞。

将来、自分の才能を活かしてクリエイターになりたいと思っている人も多いだろう。そこで登場していただいたのが、映画『フラガール』で各映画賞を総なめにし、若手ナンバーワンとの呼び声も高い李相日監督だ。「自分は天才じゃないし、おもしろくない人間だと思っている」と語る李監督の、「じゃあ、どうやっておもしろい映画を作るのか」という話は、誰にとっても興味深いはずだ。また、在日朝鮮人としての自分、そして朝鮮学校に通っていた当時の話も、包み隠さず語っていただいた。

龍山高校特進クラス担任　桜木建二

このままだと一生「このまま」だ

僕はいま、映画監督という仕事をやっています。

監督としてデビューしてから、ちょうど10年（2009年現在）。いちばん新しい作品は2006年に公開された『フラガール』（出演：松雪泰子・蒼井優）という映画で、いまは次回作に向けての準備作業に追われているところです。

きっとみなさん、映画監督という職業の存在は知っていても、具体的にどんなことをやっているのか、どうすれば映画監督になれるのか、といった話はあまり知らないのではないでしょうか。

実際、僕も高校生くらいのときはそうでした。

それどころか、映画監督になりたいと思ったこともなかったし、そもそも、ものすごい映画ファンというわけでもなかった。特別やりたいこともないまま、自分の将来について深く考えることもないまま、ぼんやりすごしていましたね。

けれど、大学に入って就職活動のシーズンになると、そうもいかなくなります。

それまでいっしょに遊んでいた同級生たちが、ちゃんとリクルートスーツを着て、就職説明会や面接に出かけるようになる。急に「大人」になっちゃうんですよ。

でも、そのときの僕は、いったいどこに行けばいいのかわからなかった。それどころか、どんな手続きを踏めば採用面接が受けられるのかもわかっていない。

もっと正直な話をすると、わざわざスーツを着て、興味もない会社の面接を受けに行くことの意味がよくわからなかったんです。「なにか違うんじゃないか」と思っていた。

一応、僕もリクルート用のスーツは買いましたよ。

とりあえずスーツを着て、学食でカレーを食べて……それでなんとなく「よくやった」みたいな感じで終わりましたけどね。

「じゃあ、自分はなにがやりたいんだ？」

そう自問自答したとき、かろうじて出てきた答えが〝映画〟でした。積極的に「映画がやりたい！」と考えたというより、映画くらいしか思いつかなかった、という感じでしたね。

でも、どうすれば映画の世界で働けるのかはわからない。

なので、とりあえず大学4年生のときかな？　映画の制作や配給をやっているシネカノンという会社に飛び込んでいって、「映画をやりたいんです！」と、かなり無茶なお願いをしたんです。するとありがたいことに、アルバイトとして撮影現場に入れてくれたんですね。

それで、夏休みのあいだずっと撮影現場で働いて、ようやく「監督ってこんなことをやるんだ」とか、「映画ってこんな感じで作るんだ」ということが理解できました。

こんな話をすると、いかにも行動力のある人間みたいですが、全然違いますよ。少なくとも学生時代の僕には、行動力なんてどこにもなかった。ただ、もう大学4年生だし、追い込まれていたんですね。

なにかアクションを起こさないと一生このままだぞ、このままずるずる行っちゃうぞ、という焦《あせ》りがあったんだと思います。

そうして夏休みのアルバイト期間が終わるころには、もう「映像の仕事でやっていこう」と決めていました。

別に「監督になろう」と思ったわけではありません。とりあえず「ここ」でなにかができればいいや、という感じ。極端な話、美術スタッフでも、カメラや照明でも、なんでもよかったんです。

撮影現場って、やっぱり時間も不規則だし、当時僕がやっていたのはスタッフにお弁当を配ったり、現場を掃除したりの雑用ばっかりで、肉体的にはしんどいんですよ。でも、なんとなく居心地がいいというか、充実感はある。あと、映画のスタッフって、映画の最後に流れるエンドロールに自分の名前が入るんですよね。たとえば「助監督・李相日」という感じで。

これがちょっとした感動なんです。

あそこに名前が入るだけで、自分が社会から認められたような、なんともいえない感動があるんですよ。

反対を押し切って映画学校へ入学

それで大学卒業後、ひとまず日本映画学校という映画の学校に入りました。学校に行ったのは、やっぱり「逃げ」だったのかもしれません。映画の世界でやっていこうと決めたんだけど、まだ働きたくなかったんですね。

　母は理解を示してくれましたが、父は激怒しましたよ。せっかく大学まで行かせたのに、いまさら映画学校とはなにごとだ、おまえが映画なんかで食っていけると思っているのか、と。

　まあ、当然といえば当然だし、いま考えるとすごく真っ当な反応だと思います。それで「出て行け！」と言われて、本当に家から追い出されたんですよ。

　ただ、実際に僕が監督になってからは、母よりも父のほうが映画館に足を運んでくれているみたいで、そこがおもしろいんですよね。

　自分で脚本を書いたり、演出っぽいことをやるのに興味が出てきたのは、この映画学校に入ってからですね。

　学校に入ってまず驚いたのは、自分の無知と平凡さです。

　僕も、小学校のころからたしかに映画は好きだったんですけど、ジャッキー・チェンとか、ハリウッドの超大作とか、いわゆる娯楽映画ばかり観ていたんですね。「文化」の薫《かお》りがするような映画なんて、全然観ていなかった。

ところが映画学校の同級生たちは、みんなジャン＝リュック・ゴダール（仏）とかフェデリコ・フェリーニ（伊）とか、ヨーロッパの難解な映画の話ばかりしている。

間違っても「やっぱりジャッキー・チェンの『プロジェクトA』は最高だよな！」なんて話はしない。

僕はいまでも、ゴダールなんかそんなに高尚《こうしょう》なものだと思わないし、声高《こわだか》に「ゴダールが好き」とか言ってる人ってあんまり信用できないんですけど、同級生たちの知識量は純粋に「すごい」と思いましたよ。

ああ、みんな、こんなにたくさんの映画を観ているんだ、こんなに難しい映画も観ているんだ、自分もそれなりに映画を観ているほうだと思ってたけど、全然違ったんだな、世の中って広いな——と。

もちろん、たくさん観ていれば偉《えら》いというわけじゃないんですが、それにしても僕は観ている映画が少なすぎた。最初はゴダールが誰だかわからなくて、F1ドライバーの話かと思ったくらいですから。

目も当てられない駄作の連続

僕の入った映画学校は3年制でした。それで1〜2年生のとき、自分で監督して短編映画を何本か作ってみました。

やっぱり若いし、よくも悪くも世間知らずだし、映画に対する情熱に火がつき始めたころだから、ものすごく「意欲的」な映画を撮るんですね。斬新《ざんしん》で、独創的で、オリジナルなものをめざして、自分の思うように撮っていく。

ところが、できあがった映画を観てみると、これが全然おもしろくないんですよ。もう目も当てられないような状態。観ていて恥《は》ずかしくてたまらない。もちろん、周囲からもあれこれ批判される。ものすごくヘコむわけです。まるで自分のすべてを否定されたような感じで、立ち直れないくらい徹底的に打ちひしがれる。

ただ、落ち着いて考えてみると、これは当然の結果でした。

映画というのは「受け手＝お客さん」がいて、初めて成立するものです。

だから、受け手を無視して自分勝手に作っただけの映画は、誰にも届かない。おもしろいとか、おもしろくないとかという以前に、作品として成立しない。これは映画にかぎらず、小説でも音楽でも漫画でも、なんでもいっしょなんだと思います。

独創性とかオリジナルにこだわりすぎた当時の僕は、そのへんが全然わかっていなかった。自分のことで頭がいっぱいになって、受け手のことをなにも考えてなかった。

この「受け手のことを考える」という話は、別にお客さんに媚《こ》びるというわけではありません。

僕の出発点にあるのは、「自分はこれを撮りたい！」または「自分がお客さんなら、いま、こんな映画が観たい!」という強い思いです。

それでも、受け手に伝わらなければどうしようもない。

普段の会話でも同じですよね。ちゃんと「伝える」ことができないと、相手は受け入れてくれない。好き勝手にしゃべっているだけだったら、相手は離れていく。

不思議なもので、このへんって、映画を撮ってる最中にはなかなか気づかないものなんですよ。

作っているときは「これはおもしろい!」と思いながら、ひとりで興奮する。でも、できあがった映像はひどい有《あ》り様《さま》になっている。「なんであのときの俺は、こんなものがおもしろいと思ったんだろう?」って自分でも不思議になるくらい、ひどい。

でも、あのとき独《ひと》りよがりな作品を作って、それが徹底的に批判されて、どん底まで落ち込んだのはいい経験でしたね。

オリジナルから「模倣」へ

それで僕が取り組んだのは、「模倣《もほう》」です。

僕がおもしろいと思う映画には、どんな仕組みが隠されているんだろう？　なぜ僕は、この映画に感動したり、興奮したりするんだろう？　つまりこの監督は、どんなカラクリを使って僕を感動させているんだろう？　そんな素朴《そぼく》な疑問を、徹底的に分析していったんです。

具体的には、自分が好きな映画をビデオ屋さんで何本も借りてきて、ノート片手に観る。そして、再生しては一時停止して、巻き戻して、もう一度観て、また巻き戻して……という作業を何回もくり返します。

観るだけではうまく整理できないから、ノートに台本を書き起こしたり、カット割り（映像のつなぎ方）を描き起こしたりしていく。ちょうど、完成された映画をバラバラの素材に分解していくような作業です。

そこまでやっていくと、一流の監督さんたちがどうやって「受け手」に伝えているのかが、だんだん具体的にわかってきます。

ただ自分の撮りたいものをバンバン撮ってつなげただけじゃない、その監督なりの理論や手法に基づいて撮っているし、ものすごく論理的な流れでつなげているんだということがわかってくる。

たとえば、同じ役者さんが「ごめんなさい」と謝っているシーンでも、カット割りが少し変わるだけで全然違った印象になる。受け手への伝わり方が変わってくるんですね。

模倣というとイメージが悪いかもしれないけど、技術も経験もないうちは、

そこから出発するしかありませんよね。自分のオリジナリティが出てくるのは、技術が身についたあとの話ですから。

ちなみに、当時いちばん参考にしていたのは北野《きたの》武《たけし》さんの映画でした。だから、僕が学校の卒業制作としてつくった『青～chong～』というデビュー作には、武さんの影響が色濃く出ていると思いますよ。

等身大の朝鮮学校を描く

この『青～chong～』というデビュー作は、朝鮮学校を舞台にした映画です。

僕は在日朝鮮人の3世で、高校までは朝鮮学校に通っていました。だから大学生になるまで、同世代の日本人と接する機会はほとんどありませんでした。友達はみんな、同じ朝鮮学校の仲間ですからね。

それで大学は日本の普通の大学に行って、大袈裟《おおげさ》にいうなら、そこで初めて日本社会に入っていったような感じだったんです。

ただ、大学で知り合った日本人の友達と話してみると、当たり前だけど、在日とか朝鮮学校とかについて、みんなよく知らないんですよね。うわさ話とか都市伝説っぽいものは知っているんだけど、それ以上は知らないし、誤解している部分も多い。やっぱり、僕らの目線とは全然違った見方をしているんだな、という感じでした。なので、「いつか朝鮮学校を舞台にした映画を作りたい」という思いは、わりと早い段階からありましたね。

この映画を作るにあたって、僕が考えていたのは「もっと僕らを身近に感じてほしい」ということ。僕自身、在日だからといってこれといった差別を受けた経験はないし、在日であることを理由に悩んだ経験もない。

高校時代、僕の悩みといえばもっぱら学校の中、教室の中です。たとえば、クラスの誰と仲良くすればいいか、とか。

もう時効みたいなものだから話すけど、僕が通ってた高校では、当時は男子の半分くらいがタバコを吸っていて、休み時間はみんなベランダに出てプカプカやっているような状態だったんですよ。

とくにリーダー格の生徒たちはみんな吸っているから、そこに「おもしろいヤツら」のサークルみたいなものができている。

でも、僕はタバコを吸わない。じゃあ、休み時間に誰とすごせばいいのか。やっぱり、あの仲間に入るべきなのか。ひとりでボーッとしていたらみっともないな。とりあえず本を読んでいたら恰好《かっこう》がつくかな、とか。笑っちゃうけど、そんな〝半径5メートルくらいの悩み〟しかなかった。

意外かもしれないけど、朝鮮学校の生徒たちって、別に「在日とはなんだ?」とかを自問自答しながら生きているわけじゃないんですよ。むしろ、そういう問題は「外部」と触れたときに意識させられることなので、学校の「内部」にいるかぎりはほとんど考えない。

だから朝鮮学校にいる生徒たちには深刻さもないし、日本の学校に通っている普通の高校生とほとんど変わりません。

いたずらして友達とゲラゲラ笑ったり、大げんかをしたり、恋をしたり、それだけの毎日。もちろん家では、日本のテレビを観ながら育っているわけですし。

そんな僕らの等身大の姿を知ってもらいたくて、『青～chong～』という映画を撮ることにしました。

この作品は、僕らを身近に感じてもらうための映画なので、間違っても上からモノをいうような、社会派のお説教っぽい映画にはしたくなかったですね。

自分の世界から飛び出すために

『青～chong～』の中でも少し触れましたが、在日の人たちが日本社会で生きていこうとするとき、日本式の名前を名乗ることがあります。

それこそ日本の学校に入学するときとか、アルバイトをするときなんかは、日本式の名前のほうがお互いに気を遣《つか》わなくて済むし、ラクなんですね。でも、僕は使いませんでした。「李相日」という名前、そのままです。この選択も、あんまり悩みませんでしたね。

隠したところで、どうせいつかはわかっちゃうことだし、そのとき「決意のカミングアウト」みたいな深刻な空気になるのが嫌で。名前なんかで悩むのが面倒くさくてたまらなかった。

少なくとも僕自身は、在日という問題で深刻に悩んだことはないし、そんなもので悩みたくないというのが正直な心境なんです。

ただ、ひとつだけ問題だったのが、在日というコミュニティの存在でした。やっぱり在日の世界って狭《せま》いんですよね。がっちりしたコミュニティが形成されていて、みんな人情深いとか、お互いに助け合うとか、いい面もたくさんあるんだけど、やっぱり世界が狭い。

世界が狭いおかげで、自分が「そこ」にいるかぎり、将来どんな仕事に就《つ》くのか、どんな人生を送るのかというのも、なんとなく見えちゃうんです。ある意味、レールが敷《し》かれているような感覚で。

だから、そういう将来に対して「このままでいいのか？」という不安や焦りは、高校時代からありましたね。早くここから飛び出さないと、タイムアップで逃れられなくなるような気がしていました。

僕が日本の大学に進んだ理由は、その一点でした。

どこの大学でもよかったし、偏差値なんかどうでもよかった。勉強したかったわけでもないし、「大学を出てこんな仕事をやろう」という目標もない。

ただ、いま自分がいる、この狭い世界から飛び出したい。ただそれだけ。

その意味で、僕にとっての大学受験は、大学に「入る」というより、自分の小さなコミュニティから「脱出」するための手段だったんです。

ただ、実際に日本の大学に入って、つまり在日のコミュニティから「脱出」

してみてわかったのは、そこもけっして広い世界じゃないんだな、ということ。

広いのは広いんだろうけれど、みんな「広く、薄く」つながっているという印象でしたね。一方、在日の人たちは「狭く、濃く」つながっている。どっちがいいのか僕にはわからないけれど、そういう「広さ」が格別いいものだとは思えなかったかな。

いくら僕が悩んでいないとしても、僕にはどうしても名前の前に「在日の～」という枕詞《まくらことば》がついてきます。これはしかたないことだし、受け入れているつもりです。

だから、今後作品を作っていくにあたっては、なるべくそういうテーマは避けて通りたいですね。在日という「枕詞」なしで語られるようになるのが当面の目標というか、本当の評価は〝その先〟にあると思っているので。

もちろん、いつかまた在日というテーマを取り上げてみたい気持ちもあります。でも、当分はやらないつもりです。それはもう自分の中で決めていますね。

監督は「見られる」仕事

さて、そうやって作った映画『青～chong～』が「ぴあフィルムフェスティバル」という映画祭でグランプリをいただいて、僕も映画監督としてのスタートラインに立つことができました。

きっと、みなさんが思い浮かべる映画監督って、「メガホンを持って、役者さんやスタッフたちにあれこれ指示を出す人」というイメージなんだろうと思います。

たしかにそれは間違っていないのですが、じつは映画監督って、「見る」だけじゃなく、同時に「見られる」仕事でもあるんですよ。

もちろん、監督である僕の本務は見ることだし、指示を出すことです。役者さんの動きからスタッフの動きまで、すべてを見て、指示を出さなきゃいけない。でも「見られている」ことも忘れちゃいけなくて、そこを両立させる必要があるんです。

撮影現場では監督が絶対的なリーダーなので、役者さんもスタッフも、監督の一挙手一投足《いっきょしゅいっとうそく》に注目していますからね。

そして見られているかぎり、努力しなきゃいけない。サボるわけにもいかないし、妥協《だきょう》するわけにもいかない。別に大袈裟なパフォーマンスをする必要

はないんだけど、僕自身に説得力がないとみんなついてきてくれないんです。

具体的に、監督がどんな場面で「見られる」のか、簡単な例を挙げましょう。

映画の撮影って、季節や天候にも左右されるし、現場に行ってみないとどういう絵（映像）になるのかわからないことが多いんですね。

だから現場に着いてから、「あっ、このシーンをこのまま撮ってもおもしろくないぞ」と気づくことがある。台本を書く段階ではおもしろいと思っていたけれど、実際に現場に来てみたらイメージと違っておもしろくない、と。

たとえば、主人公が涙を流して感動するはずのシーンだったのに、実際やってみると全然感動的な絵にならない、とか。

もちろん、そういうミスをなくすために、撮影前には何度もリハーサルをくり返します。でも、リハーサル中に目をつぶってきたところとか、うやむやに流していたところって、現場に行くとはっきりするんですよ。「やっぱり、これじゃダメだ」って。

このとき、どう対応するか。

軌道《きどう》修正するのか、しないのか。

もし軌道修正するとしたら、どう修正していくのか。

そのつまんないシーンをどうするかの判断は、すべて監督にかかっているんですよ。

僕がOKだと言い張れば、役者さんやスタッフが不満を抱いていても、そのシーンは続行されていく。これが監督という仕事の難しさですよね。すべての責任は自分に返ってくるんです。

スタッフの人たちは、こういう場面で監督がどこまで踏《ふ》ん張《ば》るのかをしっかり見ています。みんなキャリアもあるし、自分の仕事に誇《ほこ》りを持っているし、シビアに判断しますすね。

もし、僕が65点のシーンにOKを出したとしたら、周囲のスタッフは「あ、この監督の合格点は65点なんだな」と考える。すると現場の空気がゆるむ。

一方、僕が95点のシーンにもNGを出したら、みんな「この監督はもっと上をめざしているんだな」と気を引き締める。

結局はそういう細かい積み重ねによって、映画全体のクオリティが決まってきます。一瞬も気を抜けないし、「しんどい仕事を選んじゃった」と思うこともありますね。

独裁者タイプの監督にはなりたくない

それから、映画では「どうやって現場の全員が同じ意識を共有するか」というのも大事な問題です。

どんなシーンにしても、最初のイメージは僕の頭の中にあるわけですよね。

でも、そのイメージが見えているのは僕だけです。

だから僕は、自分の頭の中にあるイメージをうまく言葉にして周囲に説明していかなきゃいけないわけです。ここがうまくいかないと、撮影に入ることさえできない。

これはとても大切な作業で、スタッフのみんなが心から「これはおもしろい！」と思って取り組んだら、現場はスムーズに動くし、実際にいいシーンが撮れるんです。

でも、スタッフがおもしろいと思ってくれなかったり、「この監督の演出には納得できない」とか「この役者の演技はダメだ」と思っていると、彼らが抱いた「違和感」はそのまんま映像に出ちゃうんですね。

もちろん、そんなときは現場に重たい空気が充満します。ついさっきまでいっしょに笑っていたスタッフが、急に目を合わせなくなることも平気でありますから。空気は、ほんの一瞬で変わってしまいます。

じゃあ、どうやってみんなで意識を共有していくのか？

僕が心掛けているのは、とにかく話し合いに時間をかけること。そして、まずは自分から歩み寄ることです。役者さんやスタッフそれぞれの性格を知って、その興味や考えを知る。僕自身のプランや意図《いと》を理解してもらうのは、そのあとですね。

これって監督にかぎらず、ほかの仕事でも同じだろうと思うんです。チームのみんなとイメージを共有して、同じゴールに向かって力を合わせて走っていく、という意味ではね。

僕はこういう作業って、面倒だけど大切にしていますね。

共同作業のおもしろさって、「自分の殻《から》をぶち壊す」ことにあるんですよ。たとえば、ひとつのシーンについて話し合っているうちに、「あ、この人はこう解釈していたのか」とか「なるほど、そういう考え方もあるのか」というように、自分ひとりでは気づかなかったものに出会えることがある。

ですから、僕は最初に自分が抱いたイメージをしっかり形にするということには、それほど固執《こしつ》しません。いい意見があれば、いくらでも取り入れます。

ベースの部分を作るのは自分だけど、それがどう膨《ふく》らんでいくかは、その場に集まった人たちとの化学反応を待つ、みたいなところがあるんです。

いくら自分の映画だといっても、自分が全部わかっていると思ったら大間違いだし、もしも「すべて」がわかっちゃったらおもしろくないですよね。どこかに不確定な部分、どんな色にも変化できる真っ白いページが残っているから、その後の作業がおもしろいわけで。

たとえば、僕は絵コンテ（映像イメージをイラスト化したもの）をいっさい描きません。もちろん、ちゃんとした絵コンテがあるほうがイメージを共有しやすいんですよ。

でも、中途半端《ちゅうとはんぱ》にできすぎた絵コンテがあると、「この絵コンテをどうやって実現するか」とか「どこまで絵コンテに近づけるか」という作業になりがちなんです。イメージを補助するための絵コンテに、逆に縛《しば》られてしまうんですね。

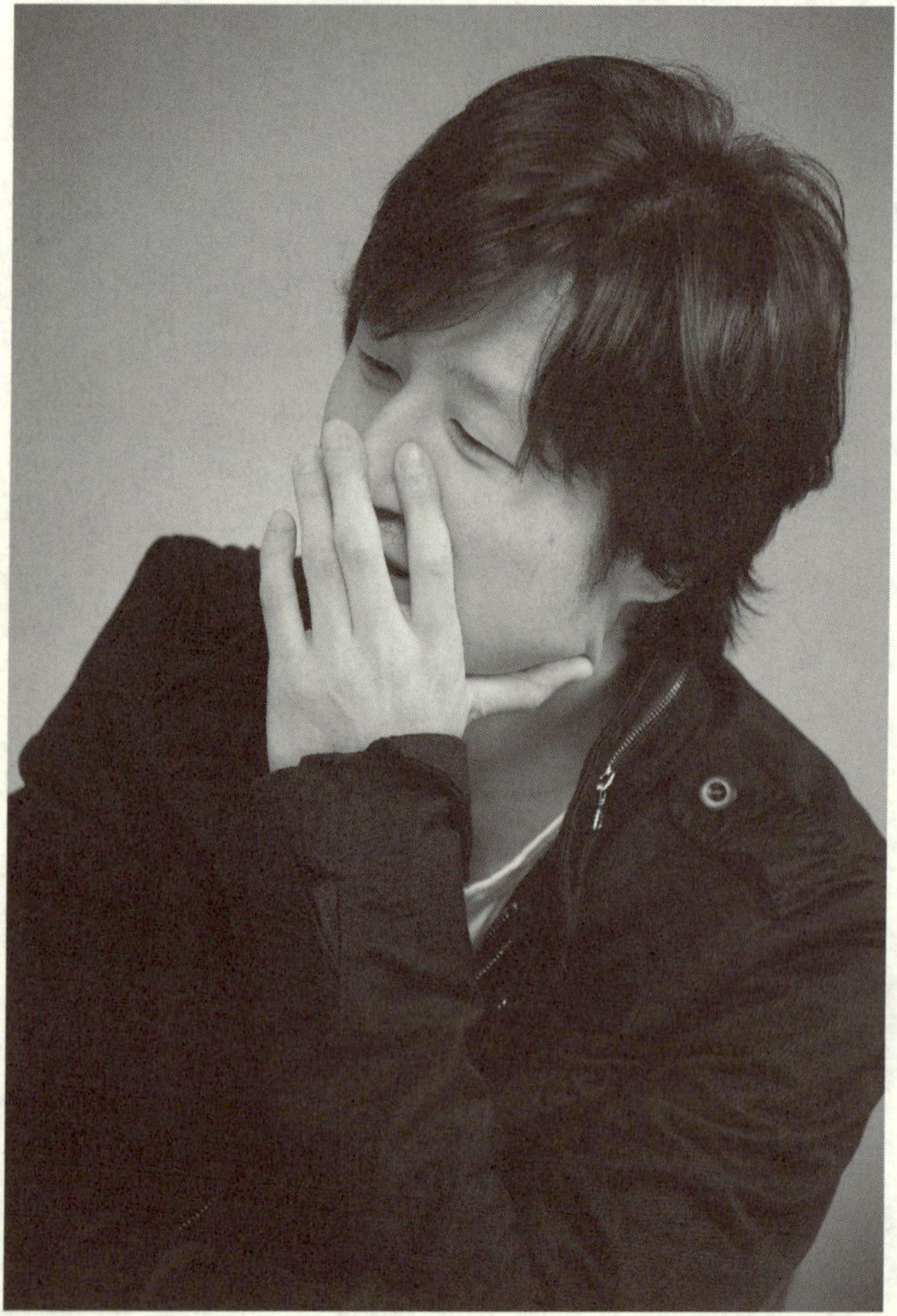

それだと、他人の意見を受け入れる余地が小さくなってしまうし、みんなも柔軟な発想ができなくなると思うんです。

これはシナリオを作る経験からわかったことなんですが、物語って「ひとり」では成立しないんですね。

主人公のAさんがドーンと真ん中にいるだけの物語、一人称の物語だと、じつはなかなかAさんの人物像まで伝えることは難しい。

やっぱり他人がいて、たとえばBさんという友達がいて、Bさんを通じてAさんの人柄が見えてくる。その人の個性って、「関係性」の中で見えてくるものなんです。

これは僕自身についても同じことが言えて、役者さんやスタッフと話し合っていくうちに「自分」や「自分の考え」が見えてくることはよくあります。

だから僕は、小説家みたいにひとりで完結する作業には向いていないだろうし、独裁者みたいな監督になろうとも思わないですね。

平凡だからできること

それから、僕が台本を考えるうえで常に心掛けているのは、「疑う姿勢を失わない」ということです。

なんと言えばいいのかな、僕ってあんまりおもしろい人間じゃないんですよ。

けっこう計算高い常識人で、これといって破天荒《はてんこう》なエピソードも持っていない。そもそも、学校でも「自分はどう振る舞えばいいんだろう？」みたいなことを気にしていたような人間ですからね。

学校には僕よりおもしろいヤツもたくさんいたし、これまでの経験から、自分が非常識な人間なんかじゃないことを十分承知してるんですよ。

一方、映画としてお客さんを楽しませるためには、つまらない常識から飛び出した非常識な展開、予想もつかない展開が必要になる。

だから僕は、脚本を書くときに、いつも「僕が思いついたアイデアなんて、じつは平凡なものなのかもしれない」と自分を疑います。

こんなアイデア、ひょっとしたら誰にでも思いつくレベルなのかもしれない。

自分ではおもしろいと思ってるこの台詞《せりふ》も、全然おもしろくないのかもしれない。

このままの展開だと、みんな結末が読めちゃうかもしれない。

そうやって、思いついたアイデアや台詞をそのままにせず、もう一度ひねってみたり、別の角度から眺《なが》めたりという作業を何度もくり返すんです。自分がいいと思ったものを、あえて疑う。これは意識してやらないと、なかなかできないことです。

よく「自分の長所を見つけて、そこを伸ばしていこう」みたいな話を聞きますが、僕は逆に、自分の平凡なところやおもしろくないところ、月並みなところに気づくことも、すごく大切なんだと思います。

僕はそのへんを自覚しているから、時間をかけて丁寧《ていねい》に考えるし、他者の意見も積極的に取り入れようとしている。そして、きっとこれは僕の武器になっている。

もし、僕が「俺はものすごく個性的でおもしろい人間だ！」と思い込んでいたら……僕の映画はちっともおもしろくないものになるでしょうね。

他者からの評価をどう受けとめるか

映画監督という立場上、僕は作品を作るたびに「評価」の目にさらされます。お客さんはもちろん、評論家の人、映画祭の審査員の方々など、いろいろな人たちから評価されます。たくさん批判されることもあります。

それで、他者からの評価をどう受けとめるか、という問題が常につきまとうわけですが、これはもう「受けとめない」ようにしています。

慣れようがないんですよ。

何本か映画を撮ったから、批判に対して強くなるとか、うまく受けとめられるようになるとか、そんなことはないです。相手が誰であれ、批判されたらやっぱりヘコみますよ。きっと、何十年やっても同じじゃないかな。ほんの少しでも悪く言われると悔《くや》しいし、そこでヘコまないほうがおかしい。

ただ、数をこなしていくほど、作品を「点」じゃなくて「線」で見てくれる人が増えてくるのは嬉《うれ》しいですね。つまり、『フラガール』なら『フラガール』だけで僕を評価するんじゃなくって、それまでの作品の流れの中で評価してくれる。

僕は、映画監督って、「ライブ」の仕事だと思うんですよ。

個々の作品が「点」として存在しているのではなく、各作品が「線」としてつながっていく。

仮に監督人生が50年あるとしたら、その50年のうちに考えたこと、感じたことがそのまま作品に反映されて、並べてみるとその監督の生きざまが明らかになる、というような。一貫しているようで、一貫していない。いつも振り子みたいに揺《ゆ》れている。その振り子の一点をとらえて評価されるより、振り子そのものを見てほしいという気持ちはありますね。

だから僕の関心は、評論家の人たちよりも、同世代の人がどう感じてくれたかというところにあります。きっとその人たちも僕と同じ時代を生きながら、同じ空気を吸って、同じように「揺れている」と思うので、彼らがなにを感じてくれたかは気になりますね。

「そこ」にいたままで、誰が手を差し伸べるのか

僕は、みなさんにアドバイスできるような立派な人間じゃないんですけど、

もしも将来の進路に迷っているとしたら、なんでもいいから自分のやってみたいことに足を突っ込んでほしいですね。

結局、どんな道を選んでも、「嫌なこと」ってついてくるんですよ。これはプロ野球選手でも、会社の経営者でも、みんなそうだと思います。

僕自身、映画監督になるまでよりも、映画監督になってからのほうがしんどいですよ。

映画という「好きなこと」を仕事にできて嬉しいし、幸せなことだとは思います。ただ、僕が「好き」というだけで毎日楽しくやっているかといえば、そうじゃない。

もう、逃げ場がないんですよ。

これまでの人生で散々逃げてきて、ようやくたどり着いた仕事だから、もうここで生きていく以外にない。これで映画まで失ってしまったら、なにをして生きていけばいいかわからない。不平不満を愚痴《ぐち》っている場合じゃないんです。

そして、楽しいことばかりの人生とか、楽しいことばかりの仕事なんか、たぶん世の中にないと思うんです。

じゃあ逆に、どうせ嫌なことをやるんだったら、自分がやってみたいことで苦労しよう、と考えたらいいんじゃないですかね。どうせ、しんどい思いをするんだから。

たとえば映画監督になりたいとしますよね。

それで就職せず、コンビニエンスストアでアルバイトをしている、と。

でも、そのコンビニに映画会社の偉い人がやってきて「きみは見どころがある。うちの会社で映画を撮ってみないか！」なんて声をかけてくれる可能性は、ゼロなんです。

厳しいことを言うようだけど、そんな「何者でもない自分」に、誰かが手を差し伸べてくれることなんか、一生ない。もしもそんなストーリーの映画があったら、みんな「ありえねえー」って思うでしょ？

自分の人生を動かしたいなら、自分でアクションを起こすしかない。恥ずかしいとか、迷惑がかかるんじゃないかとか、余計なことを考える必要はありません。とくに10代のうちなんて、親にも、先生にも、どこかの社長さんにも、あらゆる大人に迷惑をかけまくっていいし、どんな無茶をしてもいい。

だって、「ごめんなさい」で許してもらえる年齢なんだし、大人になったら、それができなくなるわけですからね。

そしてもし、自分が映画監督として才能があるか、あるいは監督としてやっていけるかを知りたかったら、まずは自分で脚本を書くこと。脚本を書いてみて、信頼できる人に見せて意見を聞くこと。誰かが手を差し伸べてくれるのは、そのあとです。

なんといっても、脚本を書くのはタダです。お金がなくても、誰にでもすぐにできること。それこそ高校生でも、今日から脚本を書くことは可能なんです。

まずは、その「何者でもない自分」からの一歩を踏み出してほしいですね。

李相日さんへ 5つの質問

Q どんなお子さんでしたか？

A いつも一歩引いたところで大人の顔色を窺っているような子どもでした。

Q 学生時代の得意科目と苦手科目は？

A 得意なのは図画工作。いまは絵コンテも描かないけど、もともとは絵が得意だったんですよ。苦手な科目は化学ですかね。

Q 好きな言葉と嫌いな言葉は？

A 好きな言葉は「運」で、嫌いな言葉は「平等」ですね。人には生まれた瞬間から差があるわけだから、その差を認めようとせず、平等なんて言葉を追いかける意味があるのかなって思うんです。

Q 10代のころ、感銘を受けた本や映画は？

A 本では、漫画ですが横山光輝さんの『三国志』。映画はスピルバーグの『E.T.』。あの自転車が空を飛ぶシーン。なんで自転車が空を飛ぶだけであそこまで感動するのか、いまだにわからないんです。

Q 「大人になる」とはどういうことだと思いますか？

A 僕はいま35歳なんですが（取材時）、10代のときに想像していた35歳って、しっかりしてるんですよ。でも、実際になってみると全然しっかりしてない。もしかすると、そのダメさ加減に気づくことが「大人になる」ことなのかもしれません。

5時限目

「クールな科学」と「ウェットな占い」って？

自分を知り、他者を知るための占い講座

カリスマ占星術研究家

鏡リュウジ

かがみ・りゅうじ　1968年、京都府に生まれる。心理占星術研究家・翻訳家。英国占星術協会正会員。日本トランスパーソナル学会理事。国際基督教大学大学院博士前期課程修了（MA）。高校生時代、早くも天才占星術師としてマスコミに注目され、以来、学問との二足のわらじを履きながら占星術研究家として独自の理論を構築してきた。心理学的な見地から人の性格に深くアプローチする占術理論は、「○○座だからこう」と決めつけるようなステレオタイプの星占いとは一線を画している。

高校生であれば、誰だって大小さまざまな悩みを抱えている。勉強はもちろん、将来の仕事、友人関係、そして恋愛と、悩みのタネは尽きない。そこで最後に登場していただくのが、占星術研究家の鏡リュウジさんだ。「クールな科学」と「ウェットな占い」という言葉をキーワードに、悩みとの上手なつき合い方を指南《しなん》してくれる。そこから、占いの意外な一面も見えてくるはずだ。また、普通に学校に行って、就職して、という歩みを辿《たど》ったわけではない「鏡リュウジができるまで」の話も、非常に興味深いところである。

龍山高校特進クラス担任　桜木建二

占い師なんてインチキだ？

僕の肩書は「占星術研究家」。わかりやすくいうと、占《うらな》い師《し》です。みんなも星座占いは知ってるよね。僕のやっている占星術というのは、星座占いの根っこにあるもの。そして、もう少し専門的で詳しいものだと考えてください。

さて、占い師だと聞いて、こう思った人も多いんじゃないかな。

「この人、なんか怪《あや》しいぞ」

「占いなんてウソっぽちじゃん」

「いまどき占い師なんて信じないよ」

とても素直な感想だと思います。たしかに、いかにも怪しいし、インチキっぽい。そういうストレートな疑問を、どんどんぶつけてほしいと思います。

そこで最初に、占いについての僕のスタンスを説明しておきましょう。

この仕事をやっていると、それこそ毎日のように「占いなんかインチキだ」

と言われます。とくにある程度以上の年齢になった男性には、その傾向が強いようです。

なぜインチキ扱いされるのか？

ひと言でいうと、科学的ではないから。

当たり前のことですが、占いには科学的な裏づけなんてありません。「迷信《めいしん》だ」と言われたらそれまでの話なんです。

でも、ちょっと自分の日常を見回してみましょう。

たとえば、親戚のお姉さんが結婚するとします。このとき、わざわざ「仏滅《ぶつめつ》」の日を選んで結婚式を挙げたりはしませんよね。叔父さんも叔母さんも、もちろん親戚のお姉さん本人も、なるべく「大安《たいあん》」の日に式を挙げようとするでしょう。

あるいは、普段どんなに論理的な学者さんでも、おみくじで「凶《きょう》」が出たらなんとなく気分が悪くなるし、逆に「大吉」が出たら思わず頬《ほお》がゆるむはずです。

高校生でいえば、受験前に神社まで合格祈願に行ったり、ゲンがいいからと受験や試合の前日に豚カツを食べたり、鞄《かばん》にお守りをぶら下げたり……と、いろいろありますね。

同じように、占いって「全面的に信じることはできないけれど、なんとなく気になるし、気にしている」という存在なんです。

現代に生きる僕らは、自分がものすごく科学的な人間で、なにごとにも合理的な判断を下していると勘違いしがちです。だけど、日常生活の中にはたくさんの「科学的じゃないもの」が潜《ひそ》んでいます。自分でも気づかないうちに「科学的じゃないもの」を信じたり、そのルールを守ったりしている。

ある意味では、占い的なものを便利に使いこなしているのが僕たち現代人なんです。

「クールな科学」と「ウェットな占い」

さて、この「科学的かどうか」という問題は非常に大切です。

科学的とはどういうことか？

簡単にいうと、客観的だということです。

ものごとを考えるとき、まずは自分を観察者として脇に置く。個人的な感情などカウントしない。第三者的な立場から、ただただ事実だけを積み上げていく。とってもクールな態度ですね。僕は、こうやってものごとを客観的に考える脳のしくみを「クール脳」と呼んでいます。

「クール脳」の重要性については、誰もが認めるところでしょう。

たとえば、どこかの国の大統領が「戦争するか、しないか」を占いで決めていたとしたら、とんでもなく危ない話ですよね。占いでなくても、大統領が「なんかムカツクからあいつを逮捕しろ」なんて気分で命令するような国も、ちょっとお断りです。

あるいは、今後みんなが志望校や就職先を選ぶとき、すべてを占いで決めちゃったら、さすがに危なっかしい。

ものごとを判断するときにはできるかぎり客観的に、冷静すぎるくらい冷静に判断していかないと、簡単に道を誤《あやま》ってしまいます。

ただし、この「クール脳」にはひとつだけ欠点があります。しかもこれは、かなり致命的な欠点です。

たとえば、あなたが歩道を歩いていて、いきなり交通事故に巻き込まれたとしましょう。しかも大学入試の当日、試験会場に向かう朝のことです。事故のせいで、あなたは入学試験を受けることができませんでした。

きっと警察は、「酔っぱらい運転をしていた運転手がハンドル操作を誤って、歩道を歩いていたあなたをはねてしまった」といった客観的事実を、クールに説明してくれるはずです。

しかし、あなたの気持ちは収まりません。

「なぜ、自分なのか？」

「なぜ、よりによって入試当日の今日なのか？」

「なぜ、電柱でもガードレールでもなく、自分にぶつかったのか？」

そうなんです。一見万能に見える「クール脳」は、これらの素朴《そぼく》な疑問に対する答えを持ち合わせていないのです。

僕の尊敬するユング心理学の大家、河合隼雄《かわいはやお》さんはかつてこう言いました。

「科学は『Ｈｏｗ？』には答えられるけれど、『Ｗｈｙ？』には答えられない」

どんなに客観的事実を積み重ねていっても、根っこにある「なぜ？」には答えられない。

というのも、僕たちが感じている「なぜ？」は、主観の問題だから。いくら客観的、科学的、合理的な説明を受けても「なぜ、僕が？」という思いは解決しないから。

そこで占いは、客観よりも主観を大事にします。個人の持つ心、体験、そして感情。こうしたウェットなものを重視するのが占いです。

科学のクール脳に対して、これを「ウェット脳」と呼ぶことにしましょう。

もちろん、ウェットな占いによってすべての「なぜ？」が解決されるわけではありません。そんな特効薬があったら、逆に怖いですよね。

でも、人生のあらゆる場面で湧《わ》き上がってくる「なぜ？」を、別の角度から考えるヒントになることは確かです。

「クールな科学」と「ウェットな占い」。どちらが欠けても、人生は生きづらくなってしまう。僕の言いたいこと、なんとなくわかっていただけたでしょうか？

科学と占いは「まぜるな危険！」の劇薬

ぜひ注意してほしいのですが、ときおり「クールな科学」と「ウェットな占い」をごちゃまぜにして語る人がいます。

科学的でないものを、あたかも科学的なものであるかのように語る。これを「疑似《ぎじ》科学」といいます。

効果の怪しいダイエット法や健康法、あるいはスピリチュアルなんとかみたいなものまで、疑似科学としか思えないものって、世の中にたくさんありますよね。

クールなものとウェットなものは「まぜるな危険！」が大原則です。

占いは、絶対に科学などではない。

ある意味では劇薬なので、安易に科学とまぜちゃいけない。むしろ科学的ではないところ、ウェットなところにこそ、占いならではの存在意義があるんです。

世の中の人が疑似科学に流されてしまう理由は簡単です。

この科学万能の時代に生きていると、えてして「科学的＝正しいこと、いいこと」「非科学的＝間違ったこと、悪いこと」と考えてしまいがち。

だから、占い的なものを取り扱うとき、ついそこに科学っぽい話をまぜて語りたくなる。そうやって自分の正当性を主張したくなるんですね。

でも、ちょっと角度を変えて考えてみてください。

たとえば「地球温暖化の原因は二酸化炭素だ」という話。たぶん学校や家庭でも話題に上っているでしょう。

それであなたは、なぜ二酸化炭素説を「正しい」と判断しているのでしょうか？

先生や大人たちが正しいと言っているから？

テレビでそう言っていたから？

もし、それだけの理由しかないとしたら、ちょっと心許《こころもと》ないですよね。

実際のところ「地球温暖化の原因は二酸化炭素だ」という話は、まだ「有力な仮説」のひとつにすぎません。地球温暖化の本当の原因は、いまだに専門家にもわかっていないのです。

僕らはみんな「科学っぽい話」は、無批判に受け入れてしまう傾向がありま
す。そのため、インチキな疑似科学にも簡単にだまされてしまいます。
だから「科学的＝正しいこと、いいこと」「非科学的＝間違ったこと、悪いこと」という先入観を捨てて、どちらも同じくらいに疑い、同じような手順で自ら確認し、同じくらいの距離感で接するのがちょうどいいのだと思います。

占い師・鏡リュウジができるまで

僕が16歳のころの話もしましょう。

じつは、僕はその当時、すでに雑誌に占いの記事を書いていました。しかも雑誌社の人に「天才高校生占い師」なんて肩書までつけられて、ね。

いきなりこんなことを言っても、信じてもらえないかもしれないね。

僕が占いに本格的な興味を持ったのは、ちょうど10歳のころです。

　本屋さんでタロットカードを見つけて、なんに使うカードなのかも知らないまま、ほとんど衝動的に買ってしまいました。あの独特の雰囲気に惹《ひ》かれたんですね。

　そして「これはどういうカードなんだ？」と調べていくと、どうも占いや魔法に関係するカードで、魔術師が作ったと書いてある。しかも「20世紀最大の魔術師であるアレイスター・クロウリーが……」なんて、具体的な名前まで書いてある。

「手品師ならともかく、この20世紀に魔術師だの魔法使いだのがいるだって？」

　僕は、それでますます興味が湧いて専門書を取り寄せて調べていきました。すると、タロットは西洋占星術と関係があるんだとか、ユング派の心理学とも深くつながってるらしいとか、いろいろな情報が入ってきます。

　これには時代的な背景もあったと思います。

僕の学生時代、ちょうど1970年代後半から80年代前半くらいかな、世界的に「オカルトブーム」が起こっていたんです。

心霊現象やUFO、そして超能力から占いまで、「科学的じゃないもの」に若い人たちの関心が集まっていた。テレビも映画も漫画も小説も、そういった題材を扱ったものがたくさんありました。

僕も占いだけじゃなく、澁澤龍彦《しぶさわたつひこ》さんの幻想文学にハマったり、高校生になるころにはテレビでもおなじみの作家・荒俣宏《あらまたひろし》さんが文壇に登場したりと、文学方面でも「科学的じゃないもの」に惹かれていくようになっていきました。

そして、僕が占い師の道に進む最大の転機が、中学生のときにやってきます。

そのころ、ある雑誌で「ホロスコープ入門講座」という占い入門のような連載があって、毎回問題が掲出されていたんです。「Aさんを占ったところ、こういう星の配置が出ました。さて、このAさんはどんな性格でしょうか？」といった感じの問題です。

　そして僕は、星の配置を読んで、自分なりに分析した「答え」を編集部に投稿する。それでほぼ毎回、優秀賞のようなものをもらえていたんです。

するとある日、その占いページの監修をされていた方から、「きみには占いの才能があるから、東京に出てこないか？」と連絡を受けました。

とはいえ、僕はまだ中学生。上京どころか、義務教育さえ終わっていない。

これには相手のほうがビックリしてね。「てっきり大人だと思っていた。これはとんでもない才能だからなおさらデビューしたほうがいい」と言うのです。

そこで、ひとまず僕が高校生になるまで待ってもらって、高校入学後に「天才高校生占い師」として誌面デビューすることになったわけです。立場的には、いまでいう「読者モデル」みたいな感じなのかな。

　もうひとつ、占いに本格的にのめり込んでいくきっかけになったのは16歳のとき、家族でのハワイ旅行です。

欧米には、だいたい町にひとつは占星術の専門店があります。

それでハワイの占星術専門店に行って、お店の人に「どれかおすすめの本はないですか？」と聞いたんですね。やっぱり、当時の日本にはそれほど専門書が揃《そろ》ってなかったので。

このとき紹介されたのが、ユング心理学の専門家で、占星術研究家でもあるリズ・グリーンという人の本でした。

当然英語で書かれているし、文章のレベルからいっても高校生に読めるような内容じゃない。でも、日本に帰ってから辞書を片手に1ページずつ、いや1行ずつ、1文節ずつ、舐《な》めるように翻訳しながら読んでいきました。

それ以降、洋書を取り寄せ、欧米の専門書を読みふける日々が続きます。あの経験のおかげで英語が好きになったし、占星術や西洋史にも詳しくなった

し、ものごとの見方が広がった気がします。

「僕ってヘン？」ではなく「みんなヘン！」

こんな話をすると、ものすごく特殊な例に聞こえるかもしれません。たしかに、周りを見ても僕ほど本格的にのめり込んだ人間はいなかったし、理解してもらえなかった。僕が通っていたのは男子校だったので、そういう話をする機会もありません。だから短い期間だけど、いじめの対象になったこともあります。

家に帰ってからも、胸を張って言える趣味ではない。うちの母は着物の学校をやっている、すごく保守的な人でしたしね。お年玉をもらうと、分厚い魔法の本を買ってはベッドの下に隠す。そんな少年時代でした。

でも、僕の場合、たまたま対象が「占い」だったから特殊に見えるだけで、基本的にはスポーツ好きの高校生が朝から晩まで野球やサッカーをやっているのと、そんなに変わらなかったと思います。

そして、時代的な背景もあって占いというちょっと変わった道を選択したけれど、きっといまのみんなにも同じような欲求はあるし、その欲求はすでに満たしているんですよ。テレビゲームというかたちでね。

神話をベースにした物語、魔法使い、伝説の勇者、謎の古文書、闇の世界を支配するドラゴン……そういうゲームってたくさんあるし、おもしろいよね？

残念なことに、僕の少年時代にはそんなおもしろいゲームがなかった。だから占星術の世界にのめり込んでいったのかもしれません。もしいまの時代に生まれていたら、僕も普通のゲームキッズになっていたのかもしれないよね。

さて、大学に入ってからは幻想文学、いまでいうファンタジー小説みたいな文学のサークルに入って、ようやく「仲間」を見つけられました。同人誌みたいなものをつくったり、情報交換をしたりしてね。

いまだったら、ケータイやインターネットで簡単に同じ趣味の仲間が見つかるんだろうけど、当時はまだインターネットのない時代。だから、サークル仲間との出会いはすごく大きな心の支えになった。

サークル以外でも、大学の友人たちは刺激的でした。

卒業後にテレビ局のアナウンサーになった女の子もいれば、バリバリの金融マンになった友達もいるし、音楽家の道に進んだ友達も、ダンサーになった友達もいる。

これはとても大切な話なんだけど、人は大人になっていく過程で「ヘンなのは自分だけじゃない」ということに気づきます。

みんなの感覚からすると、普通に進学して、普通の企業に入って、普通の仕事をしていくって、ものすごくありふれた、つまらない人生に思えるかもしれない。

でもね、正真正銘《しょうしんしょうめい》の「普通」なんて人はどこにもいないんです。

これは、それこそ高校時代から何十年と占いをやって、たくさんの人を見てきた僕が断言します。

みんな変わっているし、みんなどこかがヘン。もちろんいい意味でね。それが個性というもので、個性は消そうと思っても消せるものではないのです。

逆にいうと、「占星術研究家・鏡リュウジ」は、案外平凡な人間でもあるんです。なにかを悟っているわけでもないし、いまだに悩みは尽きない。まるで笑い話みたいだけど、占い師だって悩むんだよ。

心のモヤモヤをキープしよう

この「悩み」というテーマについて、占い的な視点から考えてみましょう。

16歳というと、将来に対して漠然とした不安を抱いていたり、恋愛や勉強、友人関係のモヤモヤした悩みを抱えたりしている人は多いと思う。

そのモヤモヤを解消するには、どうすればいいか？

僕からのアドバイスはひとつ。「心のモヤモヤは大人になっても解消できない」という事実を知り、受け入れることです。

たとえば、僕の本や占いの記事を読んでくださっている読者の方は、10代よりも40歳前後の大人たちのほうが多い。

そう、大人だって悩んでいるんだよ。どんなに立派に見える大人だって、人生の「答え」なんか知らない。みんな10代のときと同じように悩みながら、迷いながら、それぞれの道を進んでいる。

僕だって同じです。こんな仕事をやっていながら、10代のときから抱える「科学的な自分」と「科学的じゃない自分」の共存について、いまだモヤモヤが晴れていません。

ただね、僕はこう考えることにしています。

もし、自分の心の中からすべてのモヤモヤが消えてしまったら、あらゆるもののごとに「正解」が出てしまったら、はたしてその人生はハッピーなのだろうか？って。

それはきっとおもしろくないだろう、というのが僕の答えです。

面倒くさいかもしれないけど、モヤモヤがあったほうが人生はおもしろい。

たとえば、きみが男の子だとして、バレンタインデーの日に女の子からチョコレートを1枚ももらえなかったとします。そりゃあ、がっかりするかもしれない。

でも、ここで考えてほしいのは「なぜ、がっかりするのか？」ということ。

がっかりした理由は簡単です。それは「誰かからチョコレートをもらえる可能性があったから」。可能性があって、自分に期待をかけていたから、その期待と異なる結果が出たときにがっかりするんです。

もし、あなたが「どうせ僕にチョコレートをくれる女の子なんかいないんだ」とすっかり自分をあきらめていたら、がっかりすることもありません。がっかりするということ、悩みがあるということは、自分に可能性がある証拠なんです。

だから、悩んだり、がっかりしたり、心にモヤモヤがあったりするのは、自分の人生を好転させる大チャンスなんだと考えてください。

いちばんよくないのは、「どうせ僕は」とあきらめてしまうこと。希望や可能性を自分の手で捨ててしまうこと。

もうひとつ付け加えておくと、モヤモヤが消えるって、ちょっと怖いことなんです。

宗教戦争なんかが典型的な例だけど、なにか特定の考えを一途《いちず》に信じ込むと、自分と異なる考えを排除するようになります。そして他者を受け入れなくなって、場合によっては攻撃してしまうんです。

モヤモヤが消えるって、結局はなにか「答えらしきもの」を信じ込む、ということだから。そのへんはクール脳で、自分と違った考えや価値観を認められるようにならないといけません。

「2人の自分」にどう折り合いをつけるか

ちょうど今回のテーマとも重なるし、僕自身の「悩み」についてもお話しします。

まさに16歳のときから抱えるようになった悩みです。占いにどんどんのめり込んでいった16歳のとき、ある重大なことに気づいたんですよ。

つまり、「占いって、結局は迷信じゃん!」ってことに気がついた。幸か不幸か、その厳然たる事実に突き当たった。

子どものころ、僕は魔法使いに憧《あこが》れていました。おとぎ話やアニメの世界に出てくる魔法使いを見て、純粋に胸を躍《おど》らせていた。

でも、10歳をすぎるころには「さすがに魔法使いになるのは無理かな？」とわかってくる。そして、「占い師だったら大丈夫かもしれないぞ」と考えるようになる。

実際、占星術のイロハを勉強して自分で占ってみると、なるほどよく当たる。少なくとも、当たったとしかいいようのない結果、自分でもビックリするような結果が次々と出てくる。

そうやって盛り上がっていきながらも、16歳のときに「それでも星の動きがその人に影響するはずがない」という、「クール脳」での確信が生まれるんです。「ウェット脳」では占いの力を信じたい自分がいるし、目に見える結果もたくさん出ているのにね。

ここから、占いを否定する「科学的な自分」と、占いを認める「科学的じゃない自分」の2人が僕の心の中に同居して、時に争うようになっていきました。

心の中に正反対の2人が同居する状況は、ものすごく居心地の悪いものです。苦しいし、どちらか一方を捨ててしまいたいと思うこともありました。

そのとき出会ったのが、心理学者のカール・グスタフ・ユングです。

みんなも「コンプレックス」という言葉は知ってるよね？

あのコンプレックスという概念を広く知らしめたのが、このユングという心理学者です。

彼も心理学者として「科学的な自分」と「科学的じゃない自分」のせめぎ合いに悩んで、どうすれば折り合いをつけられるのか、追究していった人でした。だからユング心理学は神話や占星術と関係が深いし、ユングのお嬢さんなんかは、まさに占星術研究家だったりします。

ちょうど僕の住んでいた京都は、ユング心理学の大家として知られる河合隼雄先生のお膝元《ひざもと》ということもあって、書店にはたくさんのユング心理学の専門書が並んでいました。もう、どんどん読み漁《あさ》りましたね。

そして僕は、「科学的な自分」と「科学的じゃない自分」のどちらも否定せず、そして疑似科学のようにごちゃまぜにせず、両者の間に橋を架《か》けていくことに自分の進むべき道を発見した、という感じなんです。

運命は本当にあるのか？

だから僕は、もともと占いを本職にしようとは思っていませんでした。学生のころから雑誌に原稿を書かせていただいて、高校生にはもったいないくらいの原稿料ももらっていたのですが、本業にするつもりはありませんでした。むしろ、学生時代は「これが本業になっちゃいけない！」と自分に言い聞かせていたくらいです。

やっぱり「科学的な自分」が邪魔していたんでしょうね。人前で堂々と占いを語ることに、戸惑いがあったんです。

当時の僕の希望は、大学の研究者。大学院の研究室に進んで、そのまま大学の先生になれたらいいなと考えていました。若いうちは給料も少ないだろうから、副業として雑誌原稿を書きつつね。

ところが、所属していた研究室でちょっとしたトラブルがあって、辞めざるをえなくなってしまったんです。ちょうど27歳か28歳くらいのころかな。これから新卒として希望の就職先を探そうにも、ちょっと微妙な年齢です。

こうして初めて、占いを自分の本業として考えるようになりました。中途半端な態度ではなく、もっと真正面から取り組むようになったんです。やはり、それなりの覚悟は必要でしたよ。

さて、こうした話をすると、こんなことを言ってくれる人がいます。

「やっぱり鏡さんは、占い師になる運命だったんですよ」

うーん、これはなかなか難しい問題です。

みんなもきっと、「これは運命だ」とか「あの人は運が いい」というような言葉を使ってるよね？　あるいは「ラッキー」とか「アンラッキー」みたいな言葉なら、それこそ毎日のように使っているかもしれません。

じゃあ、本当に運命はあるのか？

僕の答えは「わからない」です。

占い師にあるまじき答えかもしれませんが、ウソをつくわけにはいかない。

やっぱり運命があるかないかなんて、誰にもわからないんですよ。

わかりやすい例で説明しましょう。

たとえば修学旅行の前日に、ものすごい高熱が出てしまった。おかげで楽しみにしていた修学旅行に参加できなかった。

普通に考えて、「運が悪い」としか言いようのない話です。

でも、科学的・合理的な立場から語れるのは、高熱が出たのは風邪を引いたからで、風邪を引いたのは満員電車でウイルスをうつされたからで、ウイルスがうつったのは体調が悪くて抵抗力が落ちていたからで……といった話になります。

要するに、それが修学旅行の前日だったのは偶然にすぎず、別にそこに「意味」なんかない、というのが科学的な回答です。

一方、僕たちが普段「運命」と口にする場合、ある出来事が起こったとき、それが自分にとってどんな「意味」を持っているのかを問題にしています。

僕が大学院の研究室を辞めざるをえなくなったこと、そして研究者の道を断念して占いを本業とせざるをえなくなったこと、ここになんらかの「意味」をつけようとしたとき、運命という概念が出てくるわけです。

前に「科学は『How？』には答えられるけれど、『Why？』には答えられない」という話をしましたね。

世の中には運や運命という言葉を使いたくなるようなことが、山のようにあります。

嬉しいことも、悲しいことも、「なんでこのタイミングで！」とか「どうしてこの僕に！」と思うしかないような、偶然のひと言では片づけられないようなことがたくさん起こります。

そして占いは、それぞれの出来事が持つ「意味」や「なぜ？」を考えるヒントを与えてくれます。

ただし、そこに最終的な「意味」を見出すのはあなた自身。占いをヒントにするのもいいし、歴史をヒントにしてもいいし、文学をヒントにしたってかまわない。

それがどんな運命であり、どんな意味を持っているのかを決めるのは自分なんだ、ということは、しっかり頭に入れておいてください。

アフリカの子どもたちは「運」が悪かった？

もうひとつ、僕が運命という言葉を使うのに慎重なのは、こんな理由があります。

たとえば、世の中にはたくさんのお金を持った人もいれば、そうでない人もいます。

日本の国内だけで考えてもそうだし、世界的規模で考えると貧富の差は計《はか》り知れないものになります。

みんなもきっと、アジアやアフリカの貧困地域で飢《う》えや疫病《えきびょう》に苦しむ子どもたちの映像を観たことがあると思う。

もし、ここで「運命」という言葉を使ったらどうなるでしょうか？

「そういう運命なんだ」

「アフリカの子どもたちは運が悪かったんだ」

「悪い星の下に生まれたんだ」

……これでは、状況はなにも変わりませんね。変えようという気さえ起こらないし、一歩間違うと差別につながりかねない。

でも、こうした状況を「運命」という言葉で語らず、たとえば「格差社会」という言葉で捉えたり、「南北問題」という言葉で考えるとどうでしょう？

きっと、なんらかの問題意識が芽生えますよね。

格差社会の是正《ぜせい》や、南北問題の解決にどんなアクションが必要なのか、前向

きに考えることができます。自分なりの改善策を考えるようになる。

わかってもらえたかな？

運命なんて言葉を安易に使って、自分の可能性にフタをしないでほしい。

これは占い全般についても同じことがいえて、占いというのは基本的に「夢を与えるもの」であるべきなんです。

「この星の配置だからしかたないんだ」「僕は××座だから○○には向いてい

ない、あきらめよう」というようなネガティブな使い方だけはしてほしくない。ポジティブになって前に進むためのヒントとして、占いを使うようにしてほしいと思うんです。

占いの歴史と楽しみ方

このへんでちょっとだけ、占星術の歴史についてもお話ししたいと思います。

僕が専門にする西洋占星術の起源は、古代バビロニア時代までさかのぼります。古代バビロニアとは、現在でいうイラク南部あたりの地域に栄えた文明です。

紀元前9世紀ごろの遺跡には、太陽、月、水星、金星、火星、木星、土星という7つの星を神々としてあがめ、生け贄《いにえ》をささげるなどしてその意思をうかがおうとした痕跡《こんせき》が残されています。また、紀元前5世紀ごろにはみんなもよく知っている「12星座」も確定されるようになりました。古代の人々にとっては天文学と宗教、そして占いが渾然一体《こんぜんいったい》としたものだったんですね。

その後、バビロニアの天文学・占星術は古代ギリシアへと移り、ヨーロッパ全土に広まってさらに隆盛を極めます。

惑星運動の法則を発見した天文物理学者のケプラーも占星術の実践者でしたし、あのニュートンは、占星術ではありませんが、今ではオカルトと呼ばれる錬金術の研究をしていたことはよく知られています。

もう一度お断りしておきますが、占星術は科学ではありません。

ただ、科学ではないけれど、それだけ長い歴史を持ち、たくさんの人々によって研究され、練《ね》り上げられていった理論だということは確かです。

さて、そんな話を踏まえたうえで、「占いの楽しみ方」を考えていきましょう。

まず最初のステップは、普通にエンターテインメントとして楽しむこと。朝のテレビで「今日の運勢」をチェックしたり、悩んでいるときや落ち込んだときに自分を元気づけるため雑誌の占いコーナーを読んでみたり。占いコーナーに「今週は恋愛運が絶好調」と書かれていたら、誰だって楽しくなりますよね。また、「なにげない言葉で大事な人を傷つけてしまうかも」と書いてあったら、言動に注意するようになるでしょう。

元旦の初詣《はつもうで》でおみくじを引くのも楽しいし、それをきっかけに家族や友達との話題も生まれてくる。好きな誰かに告白しようか迷っているときに、占いの声を聞いてみるのも、ドキドキする体験でしょう。

わざわざ僕が説明するまでもなく、みんなのほうが上手に楽しんで、使いこなしているんじゃないかと思います。

ただ、ここまでは「占いの第一ステップ」でしかありません。

占いを通じて「他者」を理解する

次の第二ステップは、「占いを通じて他者を理解する」ということ。

先にも説明したように、占星術は古代バビロニアの時代から連綿と続く理論で、そこには「なるほど」と唸《うな》らされるようなデータがあり、人類の知恵が詰まっています。

要するに、人間を経験則的に分類・分析したものが占いなんです。

これは占星術にかぎらず、東洋の易《えき》でも四柱推命《しちゅうすいめい》でもなんでもかまいません。長い歴史を持つよくできた占いには、人間の代表的な思考パターンが標本箱みたいなかたちで勢揃いしているんです。

わかりやすいところでいうと、血液型占い。

よく知られているように、これは科学的根拠のない、日本や韓国くらいでしか使われていない占いです。

でも、僕は血液型占いそのものを頭から否定しようとは思いません。「A型はまじめで神経質」「B型はマイペース」「O型は大らか」「AB型は個性的」といった4パターンを頭に入れておくと、いろいろと得をするからです。

あなたが血液型占いに詳しければ、誰かと接するとき次のように考えるでしょう。

「A型の人はまじめだから、こんなふうに感じて、気分を害するかもしれないな」

「彼女はO型だから、こう考えるかもしれないな」

「あのとき先生が怒っていたのは、B型ならではのこういう考えがあったのかもな」

これが当たっているかどうかは、ここではあまり重要ではありません。

大切なのは、自分とは違った考え方があり、別の価値観があることをスムーズに受け入れられるようになることです。また、自分の主張を一方的に押しつけたりせず、相手の意見にも耳を傾けられるようになること。

これができるだけで、ものすごく大きな進歩だと思いませんか？

しかも12星座の星占いなら、このパターンが12個もある。

「牡牛座の人だったらこう考えるかもしれない」

「射手座の人ならこう感じるかもしれない」

こんな感じで、よりたくさんの視点からものごとを考えることができるようになります。他者への理解も深まるし、自分と異なる価値観を受け入れやすくなるのです。

長い歴史を持つ占星術は、現代の僕らがビックリするような精度で、人の性格や考え方の傾向などを分析して、みごとにパターン化しています。

そこで、ぜひ「自分以外の11星座」もしっかり見るようにしてほしいですね。それぞれどんな特徴があり、どんな長所と短所があるのかチェックしてほしい。長い歴史の中で、西洋の人々が人間をどのようにパターン化していったのか、自分の目で確認してほしい。

それに、牡羊座の人が必ず牡羊座の性格になるとはかぎらない。自分をほかの星座の性格にあてはめて考えてみるのもいい。

こうやって12のパターンを頭に入れておくと、良好な人間関係を築きやすくなります。人間に興味がある人、あるいは逆に人づき合いが苦手だという人には、とくにおすすめしたいですね。

自分と他者の違いを受け入れよう

これは非常に重要な視点で、たとえば大人たちは「自分がやられて嫌なことは他人にもするな。自分がやられて嬉しいことを他人にもしてあげなさい」と言います。

たしかに耳に心地よい言葉だし、大切な考えなんだけど、僕はこれ、半分正解で半分はウソだと思っているんです。

だって、この言葉の前提にあるのは「自分と他者はまったく同じ考えや感性を持つ、同じ存在なんだ」という考えですよね。

でも、そんなはずはない。もしみんなの性格や個性、考え方が同じだとしたら、世の中に争いごとなんて起こらない。大事なのは「自分とは異なる価値観がある」ことを知り、それを無下《むげ》に否定せず、冷静に受け入れることです。

もっとも、自分と異なる価値観を認めるのは、それほど簡単なことではありません。

「これだけ親切にしているのに、どうしてあんな態度をとるんだ？」

「なんで、あんなケンカ腰なんだ？」

「前に言っていたことと違うじゃないか。いったいどっちを信じたらいいんだ！」

他者と接していると、どうしてもこんなやりきれない思いをする場面が出てきます。場合によっては、人間不信になることだってあるでしょう。

こんなときこそ、占いの出番です。

占星術のようなツールを使って、人間の性格を12パターンくらい頭に入れておく。自分を知り、自分とは全然違った考えの人がたくさんいることを知る。

困ったことに、いわゆる「占い師」の人は、ここで「この12パターンは全宇宙のマップなのです」といった説明をします。

もちろん、占星術は全宇宙のマップだなんて雲を摑《つか》むような話ではありません。

僕の説明は、「これはある文化がつくったマップなんだ」ということ。

古代バビロニア以来、西洋で長く培《つちか》われてきた「人間分析のためのマップ」ですね。その使い勝手のよさについては、僕が保証しますよ。

以上で僕の講義はおしまいです。

占いをはじめとする「科学的じゃないもの」について、みんなの考えが少しでもいい方向に変わって、みんなの人生が少しでも生きやすいものになったら、嬉しいです。

鏡リュウジさんへ 5つの質問

Q どんなお子さんでしたか？

A 小鳥が好きで、たくさん飼っていましたね。将来の夢は「小鳥屋さんになること」でした。

Q 学生時代の得意科目と苦手科目は？

A 洋書ばかり読んでいたので、英語ではあまり苦労しませんでした。苦手なのは数学と体育。どっちも、授業中に「競争」させようとするでしょ？　人と競争するのが嫌いなんです。

Q 好きな言葉と嫌いな言葉は？

A 好きな言葉は「反省しても後悔はしない」かな。反省と後悔はまったく違う性質のものですからね。嫌いな言葉は「ソウルメイト」。こういうスピリチュアルっぽい言葉はなるべく遠ざけるようにしています。

Q 10代のころ、感銘を受けた本や映画は？

A 間違いなく、映画『スター・ウォーズ』ですね。それまで特撮といえばウルトラマンしか知らなかったのが急にあれですから、その衝撃たるやすごいものがありましたよ。

Q「大人になる」とは
どういうことだと思いますか？

A 他者が自分と違うことを理解すること。「共感」以外の部分で他者とつながるようになること。

本作品は二〇〇九年六月、小社より刊行された『ドラゴン桜公式副読本　16歳の教科書2』を文庫収録にあたり、加筆、修正したものです。

綾戸智恵ージャズシンガー。40歳でプロデビュー。笑い溢れるトークと幅広い選曲での自由奔放なステージで、老若男女を魅了し続けている。

西成活裕ー東京大学大学院教授。新しい学問分野「渋滞学」を提唱し、著書『渋滞学』（新潮選書）が講談社科学出版賞等を受賞。日本テレビ「世界一受けたい授業」などでも人気を博す。

水野和敏ー元日産GT-Rプロジェクト＆開発責任者。現在は、LUXGENブランド車を手掛ける台湾のHAITEC社上級副社長、日本のHAITEC Japan社代表取締役。

李相日ー最も注目される気鋭の若手映画監督。2006年に公開された『フラガール』は、日本アカデミー賞をはじめとする各映画賞で、作品賞、監督賞、最優秀賞などを総なめにする。

鏡リュウジー心理占星術研究家・翻訳家。高校時代に早くも天才占星術師として注目され、以来、学問と二足のわらじを履きながら占星術研究家として独自の理論を構築。

講談社+α文庫 ドラゴン桜公式副読本《ざくらこうしきふくどくほん》 16歳《さい》の教科書《きょうかしょ》2
――「勉強」と「仕事」はどこでつながるのか
5人《にん》の特別講義《とくべつこうぎ》プロジェクト＆モーニング編集部《へんしゅうぶ》・編著

2016年5月19日第1刷発行

発行者――――鈴木 哲
発行所――――株式会社 講談社
東京都文京区音羽2-12-21 〒112-8001
電話 編集(03)5395-3522
販売(03)5395-4415
業務(03)5395-3615
デザイン――――鈴木成一デザイン室
カバー印刷――――凸版印刷株式会社
印刷――――共同印刷株式会社
製本――――株式会社国宝社
本文データ制作――講談社デジタル製作部

落丁本・乱丁本は購入書店名を明記のうえ、小社業務あてにお送りください。
送料は小社負担にてお取り替えします。
なお、この本の内容についてのお問い合わせは
第一事業局企画部「＋α文庫」あてにお願いいたします。
Printed in Japan ISBN978-4-06-281668-7
定価はカバーに表示してあります。

講談社+α文庫 Ⓐ生き方

裸でも生きる 25歳女性起業家の号泣戦記
山口絵理子
途上国発ブランド「マザーハウス」を0から立ち上げた軌跡を綴ったノンフィクション
660円 A 156-1

裸でも生きる2 Keep Walking 私は歩き続ける
山口絵理子
ベストセラー続編登場！ 0から1を生み出し歩み続ける力とは？ 心を揺さぶる感動実話
660円 A 156-2

自分思考
山口絵理子
若者たちのバイブル『裸でも生きる』の著者が語る、やりたいことを見つける思考術！
660円 A 156-3

ゆたかな人生が始まる **シンプルリスト**
ドミニック・ローホー 笹根由恵＝訳
欧州各国、日本でも「シンプルな生き方」を提案し支持されるフランス人著者の実践法
630円 A 157-1

今日も猫背で考え中
太田 光
爆笑問題・太田光の頭の中がのぞけるエッセイ集。不器用で繊細な彼がますます好きになる！
720円 A 158-1

人生を決断できるフレームワーク思考法
ミカエル・クロゲラス＋ローマン・チャペラー＋フィリップ・アーンハート 月沢李歌子＝訳
仕事や人生の選択・悩みを「整理整頓して考える」ための実用フレームワーク集！
560円 A 159-1

習慣の力 The Power of Habit
チャールズ・デュヒッグ 渡会圭子＝訳
習慣を変えれば人生の4割が変わる！ 習慣と成功の仕組みを解き明かしたベストセラー
920円 A 160-1

もし僕がいま25歳なら、こんな50のやりたいことがある。
松浦弥太郎
生き方や仕事の悩みに大きなヒントを与える。多くの人に読み継がれたロングセラー文庫化
560円 A 161-1

なぜ学び、なにを学ぶのか **ドラゴン桜公式副読本 16歳の教科書**
7人の特別講義プロジェクト&モーニング編集部・編著
75万部超のベストセラーを待望の文庫化。読めば悔しくなる勉強がしたくなる奇跡の1冊
680円 A 162-1

「勉強」と「仕事」はどこでつながるのか **ドラゴン桜公式副読本 16歳の教科書2**
5人の特別講義プロジェクト&モーニング編集部・編著
75万部突破のベストセラー、文庫化第2弾！ 親子で一緒に読みたい人生を変える特別講義
680円 A 162-2

＊印は書き下ろし・オリジナル作品

表示価格はすべて本体価格（税別）です。本体価格は変更することがあります